校企合作铁道运输专业精品教材

铁路客运安全管理与应急处理

主审　徐志锋

主编　潘和永

内容提要

本书共4个项目，分别为铁路客运安全管理、列车安全管理与应急处理、车站安全管理与应急处理、红十字应急抢救。本书采用项目任务式体例编写，更好地落实了职业教育的教、学、做一体化方针，使学生能够扎实地掌握理论知识和岗位操作技能。

本书既可作为职业院校铁路相关专业的教材，也可作为相关从业人员的学习、培训资料。

图书在版编目（CIP）数据

铁路客运安全管理与应急处理 / 潘和永主编. -- 上海 : 上海交通大学出版社，2020（2024重印）
ISBN 978-7-313-23558-9

Ⅰ. ①铁… Ⅱ. ①潘… Ⅲ. ①铁路运输－旅客运输－安全管理②铁路运输－旅客运输－突发事件－交通运输管理 Ⅳ. ①U298

中国版本图书馆CIP数据核字(2020)第133194号

铁路客运安全管理与应急处理
TIELU KEYUN ANQUAN GUANLI YU YINGJI CHULI

主　　编：潘和永
出版发行：上海交通大学出版社　　地　　址：上海市番禺路951号
邮政编码：200030　　电　　话：021-64071208
印　　制：三河市祥达印刷包装有限公司　　经　　销：全国新华书店
开　　本：787 mm×1092 mm　1/16　　印　　张：13.25
字　　数：257千字
版　　次：2020年8月第1版　　印　　次：2024年5月第5次印刷
书　　号：ISBN 978-7-313-23558-9
定　　价：42.00元

高速铁路客运乘务专业系列教材

编 审 委 员 会

近年来，我国铁路尤其是高速铁路因其安全可靠、快捷舒适、低碳环保、运载量大等优点而受到越来越多人的青睐。然而，由于设备、人员及自然灾害等各种因素的影响，铁路难免会出现各种突发状况，危害乘客的生命、财产安全。

安全是铁路客运的第一要素，为了保证旅客的生命、财产安全，铁路工作人员必须熟练掌握铁路客运安全管理与应急处理的基本概念、方法和程序，灵活应对、有效处理突发状况，不断提升自身实践技能和职业素养。为了培养这种高技能型人才，我们精心编写了本书。

本书具有以下几个特点。

1．素质教育，立德树人

党的二十大报告指出："育人的根本在于立德。"本书有机融入党的二十大精神，积极落实立德树人的思想，多方位地把素质教育融入知识讲解中。例如，设置"素质目标"，将素质教育渗透于整个教学过程，帮助学生树立正确的世界观、人生观、价值观；设置"复兴之路"模块，介绍了中国铁路客运为保证旅客出行安全、保障社会有序发展所做的贡献，有利于增强学生的进取精神和民族自豪感；设置"榜样力量"栏目，介绍先进个人、团队，培养学生爱岗敬业、攻坚克难的职业精神，以及争创一流、勇于创新的时代精神。

2．校企合作，注重实用

在编写本书的过程中，通过学校教师和企业专家的合作，将理论和实践有机结合，使内容贴近实际工作，有助于学生工作后更快适应工作岗位。

3．全新理念，全新形态

为落实教育部相关文件精神，切实满足职业教育的要求，本书采用了项目任务式体例进行编写，每个项目包含若干任务，每个任务由"引导案例""知识储备""任务实施"等组成。

（1）**引导案例：**通过典型案例或热点新闻引出正文，激发学生的学习兴趣，同时通过提问引发学生思考，使学生带着问题有针对性地去学习。

（2）**知识储备：**以"必需、够用"为原则介绍相关知识，避免长篇大论，力求通俗易懂。

（3）**任务实施：**主要形式为模拟演练环节，提供应急演练活动的脚本，学生可通过模拟演练，了解现实岗位的工作内容，培养解决实际问题的能力。例如，在讲解动车组设备异常安全管理与应急处理时，分别设计了动车组列车空调失效、列车断电及列车车门故障等应急处理模拟演练，使学生通过实战模拟更好地掌握突发状况的处理方法。

4. 巧设模块，助力学习

本书巧设“案例分析”“畅所欲言”“课堂小剧场”“牛刀小试”等模块，让学生在课堂上进行思考、讨论、练习，调动学生的积极性，活跃课堂气氛。此外，书中还配有“知识加油站”“小贴士”“资料卡”“铁路快讯”“铁路之声”等模块，既可补充相关知识、拓宽学生知识面，又能增加学习的趣味性。

5. 图文并茂，生动直观

本书配有丰富、精美的实物照片、现场照片和宣传图，不仅可以帮助学生更加直观地理解相关知识，还可以增强教材的可读性。

6. 数字资源，平台辅助

本书配备了丰富的数字资源（如微课、课件、教案、答案等），为广大师生提供了一站式教学资源。读者可以登录文旌综合教育平台“文旌课堂”（www.wenjingketang.com）体验平台式教学及下载相关教学资源包。

此外，本书还提供了在线题库，支持“教学作业，一键发布”，教师只需通过微信或“文旌课堂”App 扫描扉页二维码，即可迅速选题、一键发布、智能批改，并查看学生的作业分析报告，提高教学效率、提升教学体验。学生可在线完成作业，巩固所学知识，提高学习效率。

本书由徐志锋担任主审，潘和永担任主编，黄聪骢担任副主编。

在编写本书的过程中，编者参考了大量有关高速铁路的资料，在此向这些资料的作者表示衷心的感谢。由于编者水平有限，书中不尽如人意之处在所难免，恳请广大读者批评指正。

目 录

Contents

V

项目 1　铁路客运安全管理

铁路作为国家重要的交通基础设施，具有便捷、准时、容量大等优点，是大多数旅客优先选择的出行方式。铁路客运安全事关人民群众的生命财产安全，会对社会和经济造成一定的影响，因此必须不断加强对铁路客运的安全管理。

本项目主要介绍了铁路客运安全管理的基础知识，具体包括铁路客运安全管理的概念及内容、铁路安全管理法律法规。

知识目标

（1）掌握安全管理的相关概念、影响客运安全的因素及铁路客运安全管理的内容。

（2）掌握与铁路安全管理相关的法律法规。

能力目标

（1）能够结合实际案例，正确分析影响铁路客运安全的主要因素。

（2）具备铁路安全管理意识，能按照有关规定在作业过程中避免安全事故的发生。

素质目标

（1）弘扬投入国家建设的爱国精神，树立勇担时代使命的奋斗意识。

（2）养成认真负责、脚踏实地的工作作风。

（3）弘扬爱岗敬业、攻坚克难的职业精神。

任务 1.1 认识铁路客运安全管理

引导案例——铁路十大惨烈事故

铁路客运事故往往会造成重大人身伤亡，我国也曾经发生过一些惨烈的铁路运输事故，如表 1-1 所示。

表 1-1　我国铁路十大惨烈事故一览表

序号	事故类型	发生时间	原因与后果
1	陇海铁路杨庄事故	1978 年 12 月	① 正副司机和运转车长严重违反操作纪律 ② 106 人死亡，218 人受伤，客车报废 3 辆，中断行车 9 小时 30 分
2	京广铁路火灾事故	1980 年 1 月	① 旅客携带的发令纸燃烧起火 ② 22 人死亡，4 人受伤
3	成昆铁路利子依达事故	1981 年 7 月	① 利子依达铁路大桥被泥石流冲塌 ② 130 人死亡，146 人受伤，中断行车 15 天
4	贵昆铁路事故	1988 年 1 月	① 电化施工过程中，接触网电缆侵入线路造成列车颠覆 ② 88 人死亡，202 人受伤，中断行车 44 小时 33 分
5	京广铁路马田墟火灾事故	1988 年 1 月	① 旅客携带油漆，引发火灾 ② 34 人死亡，30 人受伤
6	沪杭铁路列车相撞事故	1988 年 3 月	① 乘务员严重违反行车规定、误认信号，列车越站，并冒进出站信号机，挤坏道岔，闯入区间 ② 29 人死亡，99 人受伤，中断行车 23 小时 7 分
7	沪杭铁路列车爆炸事故	1989 年 6 月	① 罪犯引爆自制炸弹，使列车发生爆炸 ② 24 人死亡，39 人受伤，中断行车 4 小时 7 分
8	京广铁路七里营事故	1993 年 7 月	① 司机严重违章蛮干，玩忽职守，直接导致客货列车追尾 ② 40 人死亡，48 人受伤，中断行车 11 小时 15 分
9	京广铁路荣家湾站列车相撞事故	1997 年 4 月	① 信号工违章作业，致使信号机错误显示 ② 126 人死亡，230 人受伤
10	胶济铁路事故	2008 年 4 月	① 列车严重超速 ② 72 人死亡，416 人受伤，中断行车 21 小时 22 分

（资料来源：http://www.360doc.com/content/18/1217/13/39930998_802392481.shtml）

思考：根据上述十大惨烈事故，试分析造成这些事故的原因大体可归为几类？

1.1.1　安全管理的相关概念

1. 安全

安全是指在人类生产过程中，能将人或物的损失控制在可接受水平的状态。对于铁路系统来说，安全是指不发生行车事故、火灾、爆炸、人身伤害等的状态。

铁路安全具有以下几个特性。

① 系统性。铁路安全问题涉及铁路生产运输的各个方面，包括人员、设备、环境、管理等诸多因素，因此必须从系统观点出发，运用科学的方法加以分析处理。

② 长期性。人们一般无法预知面临的各种危险，即使预知了，有时也会受当时技术条件的限制而无法控制。另外，随着技术的进步和社会的发展，旧的安全问题解决了，新的安全问题又会产生。因此，安全工作是一个长期的过程，必须坚持不懈、始终如一。

③ 动态性。一系列铁路运输安全问题多数都是围绕列车在轨道上的定向运动展开的。动态性是铁路运输最显著的特点。

④ 失控的严重性。铁路一旦发生事故，其影响之大、伤亡之多、损失之重、补救之难，都是传统运输方式不可比拟的。

⑤ 复杂性。铁路系统是一个开放型系统，其生产活动属于全天候、开放性作业，运输安全既受内部人员素养、运输设备、管理因素的影响，又受外部自然环境和社会环境的影响。因此，铁路运输安全涉及面广、难度大、复杂性高。

2. 安全事故

安全事故是指企业在生产经营活动中突然发生的，伤害人身安全、损坏设备设施或者造成经济损失的，导致原生产经营活动暂时中止或永远终止的意外事件。

对于铁路系统来说，安全事故是指铁路运营过程中发生的人员伤亡、财产损失或系统运营受到影响的意外事件，包括列车设备故障、列车脱轨事故、列车追尾事故、火灾事故、水灾事故、公共安全事故等，如图 1-1 所示。

(a) 列车脱轨事故

(b) 列车追尾事故

(c) 列车发生火灾

(d) 列车遭恐怖袭击

图 1-1　铁路安全事故

铁路快讯

有一年，日本新干线上从博多开往东京的列车出现异常，车辆维护员建议在新大阪站停车检查，但是该建议并未得到回应，列车就这样“带病”继续行驶了 3 个多小时，在名古屋站才进行检查。结果在 13 号车厢前部的转向架上发现了一条深达 14 厘米的裂缝，裂缝上方保持连接的部分仅剩 3 厘米，险些酿成大祸。事件曝光后日本舆论一片哗然，官方亦将此事定性为重大事故。

（资料来源：https://www.sohu.com/a/219137666_612623）

第二年，日本新干线再次出现事故，列车在以 300 km/h 的速度行驶时撞人。当时，司机虽听到异常撞击声，但凭经验认为可能只是撞到小动物而未停车，直到对面列车驾驶员发现列车车头出现大洞且有血迹，才停车检查。新干线工作人员随即发现车头部分存在与人相撞的痕迹。此次事故造成 76 班列车停运、63 班列车延误，受影响的旅客多达 4 万人。

（资料来源：https://www.sohu.com/a/236435155_682294）

3. 安全管理

安全管理是企业管理的重要组成部分，是企业为实现安全生产目标而进行的有关决策、计划、组织和控制等方面的活动。它主要运用现代安全管理理论、方法和手段，分析和研究企业生产经营活动中的各种不安全因素，并从技术、组织和管理上采取有力的措施，解决这些不安全因素，从而防止安全事故的发生。

对于铁路系统来说，安全管理是指为了有效避免事故及由事故所引起的人和物的损失，而进行危险控制的一切活动。

① 安全管理的目的是为了减少和消灭事故及其损失。

② 安全管理的主体是运输系统的各级管理人员。

③ 安全管理的对象是人、财、物、信息等。

④ 安全管理的方法是计划、组织、指挥、协调和控制。

⑤ 安全管理的实质是充分发挥人的积极性和创造性，调动一切积极因素，促使各种矛盾向有利于运输安全的方面转化。

1.1.2　铁路客运安全管理

1. 影响铁路客运安全的因素

影响铁路客运安全的因素有很多，归纳起来主要包括人的因素、物的因素、环境因素和管理因素四个方面，即通常所说的“人、物、环、管”四大要素。

1）人的因素

人的因素中的人包括铁路工作人员、旅客等。其中，铁路工作人员包括各级领导人员、专职管理人员和基层工作人员等，他们是保障铁路安全的最关键人员。此外，铁路客运安全与旅客行为也密切相关，如旅客在乘车过程中，一些不合理行为会导致安全事故的发生。

2）物的因素

在铁路运输企业中，物的因素在安全工作中占有较大的比重，是保证铁路客运安全的重要前提。物的因素中的物主要包括车辆系统、供电系统、消防系统、线路及轨道系统、机电设备系统、通信系统、信号系统、环境与设备监控系统等。

3）环境因素

对铁路运输而言，环境因素主要包括自然环境因素和社会环境因素。环境不仅会对人的生理、心理产生不同程度的影响，也会影响设备的正常运行，进而影响铁路客运安全。

4）管理因素

虽然人、物和环境一般是造成事故的直接原因，但是它们往往都受“管理”的支配，因此做好安全管理工作非常必要。

管理者按照安全管理的客观规律，采用系统化安全管理方法，对上述三个因素进行安全管理。在人、物和环境三个因素中，人既是影响铁路安全的因素，又是防护对象；物既是影响铁路安全的因素，又是保障安全的基础；环境既是影响铁路安全的因素，又是予以保护的社会财富。因此，必须用系统化安全管理方法，对这三个因素进行合理的组织、管理和控制，使铁路系统成为安全可靠的系统。

根据下列案例，试分析并讨论导致各事故的原因属于哪类影响因素。

案例一：××站客运值班员唐某在维持站台秩序过程中，未能认真做好防护工作，致使一名旅客侵入线路，唐某上前拦阻不及，两人一同被通过的列车当场撞死。

案例二：一列从乌鲁木齐驶往某地的列车在运行途中，其 11 节车厢被 13 级大风吹翻（见图 1-2），致使 3 人死亡，2 人受重伤，32 人受轻伤，南疆线被迫中断行车。

图 1-2　被吹翻的列车

（资料来源：https://www.chinacourt.org/article/detail/2007/03/id/237282.shtml）

案例三：胡某与丈夫李某从湖南乘坐普速旅客列车返回家乡。列车行驶至××站附近，睡在 13 号卧铺车厢的胡某上完厕所，走过车厢中段过道时，列车地板突然塌陷，胡某瞬间从高速行驶的列车掉下，并被列车碾压，当即失去了知觉。胡某苏醒后，几经努力翻过铁轨，被随后驶来的列车司机发现，并被送往医院进行救治。

2. 铁路客运安全管理内容

与一般企业生产安全管理类似，铁路安全管理主要是在运营过程中，通过对人员、作业过程、设备等因素的有效管理，将事故的安全风险控制在可接受的范围之内。铁路安全管理主要包括以下几个方面的内容。

1）建立、健全安全管理规章制度

建立、健全安全管理规章制度是抓好铁路安全工作的保障。规章制度是管理工作的基础，建立科学、完善、全面的安全管理制度，使安全管理有章可循，是非常重要的。铁路各部门应在严格执行国家、省、市各项安全法律法规的同时，完善各类操作规程，力求涵盖铁路的各个运营环节；用规章制度约束员工行为，为员工提供安全指引。

违章操作造成铁路安全事故

2）人员安全管理

通过安全宣传和安全教育培训提高员工的安全意识和业务素质，是抓好铁路客运安全工作的基础。此外，还应建立完整的安全监督、保障、应急体系，形成安全工作一级抓一级、一级监督一级的网络化安全监督管理体系。

3）行车安全管理

行车安全是指在铁路运输过程中，维护铁路正常的运行秩序，保证旅客及铁路员工生命财产安全，保证运输设备和货物完整性的全部活动。行车安全管理包括行车调度安全管理、列车驾驶安全管理、接发列车安全管理、调车作业安全管理等。

行车安全是铁路客运安全中最重要、最核心的部分，是衡量铁路管理水平和各部门工作质量的主要指标之一。如果行车过程中发生任何差错和事故，会直接关系到旅客安全，影响企业声誉。

4）车站安全管理

车站是铁路线网的关键运营节点，一个站点发生安全事故将严重影响其他站点甚至整个线网的运营；同时车站也是客流集散地，确保其安全是提供客运服务的基本要求。因此，车站安全管理是铁路客运安全管理的重要环节。

5）设备设施安全管理

铁路的设备设施包括车辆系统、供电系统、消防系统、线路及轨道系统、机电设备系统、通信系统、信号系统、监控系统等。任何一个设备设施出现问题，都有可能导致安全事故或使事故后果严重程度扩大，因此必须加强对铁路设备设施的安全管理。

铁路设备设施的安全管理包括采用符合安全标准的设备设施、正确使用设备设施、定期对设备设施进行安全检查、加强对设备设施的维护和保养等。

6）事故安全管理

铁路应建立事故处理机制，落实责任追究制度。当事故发生后，按照“四不放过”原则和安全奖惩办法，定因、定性、定责，严格惩处，通过教育和处罚使员工吸取教训，增强岗位意识、责任意识和纪律意识。同时，对于事故的发生，要透过现象看本质，制订出有针对性的措施，避免同类事故再次发生，从而变事后惩处为事前预防。

小贴士

> “四不放过”原则是指事故原因没有查清不放过，事故责任者没有严肃处理不放过，职工没有受到教育不放过，防范措施没有落实不放过。

7）应急救援安全管理

应急救援安全管理是根据国内外铁路救援抢险的经验和突发事件的特点，建立、健全应急预案体系，增强应急处理能力。

增强应急处理能力的主要方式是组织员工对各种预案进行学习，并按计划进行演练。通过实战演练可以及时发现预案的缺陷，提高员工的安全意识和业务技能，增强员工对事故的应急处理能力。

3. 铁路安全管理手段

铁路安全管理的手段主要体现在“治、控、救”三个方面。

1）治

“治”就是治理安全隐患，即通过系统化的方法找出运营系统中存在的各种安全隐患，然后采取相应的措施治理安全隐患，力争将安全风险降至最低。

治理安全隐患是“安全第一、预防为主、综合治理”安全生产方针在现代安全管理中的具体应用。例如，工作人员安全意识不强、业务素质不高或不遵守岗位纪律是运营系统中存在的安全隐患，需要通过宣传、培训、考核等方式提高其安全意识和业务素质，并在日常检查其是否按岗位作业标准工作、是否存在违章乱纪现象，及时发现隐患并整改。

2）控

“控”就是控制安全隐患，即监控铁路系统的各种不安全因素，避免事故的发生或将事故控制在萌芽状态。

控制安全隐患应通过安全管理制度、岗位作业标准等规范员工的行为；对安全管理工作实行目标化管理，即“人员配备专业化、业务技能熟练化、设备管理规范化、设施运营正常化、日常养护制度化、事故救援快捷化、安全管理目标化、安全服务人性化”；制订安全管理工作控制程序并严格执行。

3）救

“救”就是安全事故救援，即制订各类应急处理预案并进行应急演练，在事故发生时正确处理，在事故发生后及时分析原因，提出整改措施，以防同类事故再次发生。

复兴之路

中国高铁一线科研工作者：我最关心的事是高铁安全

在国务院新闻办公室举办的中外记者见面会上，中国国家铁路集团有限公司工电部信号专业主管表示，列车运行控制系统是高铁的大脑和神经系统，守护着列车运行的安全。该主管长期从事列车运行控制系统的研发和管理工作，经历了中国高铁列控系统从设备进口到中外联合研发、再到完全自主研发的三个阶段，他说：“我每天最关心的是高铁安全。”

（资料来源：https://www.chnrailway.com/html/20191101/1890038.shtml）

任务实施——分析动车组列车撞人事故

1. 任务描述

① 阅读下面给出的案例——动车组列车撞人事故。

某日11时10分44秒，D××次列车运行至××线上行线台安至盘锦北间552 km+305 m处时，撞上山海关工务段盘锦北线路车间一工区5名横过线路的工作人员，造成4死1伤。

随后，铁路相关部门就该事故进行了通报。根据事故通报，5名铁路职工当时计划作业时间是10时59分到12时42分之间。该时段内没有列车通过，工作人员可以进入线路内进行检修、维护等作业。此次作业的区间为台安至盘锦北602 km+700 m至550 km+500 m。10时55分，班长刘某带领4名职工（以下简称刘组职工）在552 km+400 m处进入封闭网。11时10分，刘组职工在下行线北侧顺线路行走100 m后，横越下行线和上行线时被晚点通过的D××次列车撞上。

铁路局一位职工介绍，一方面，该列车按正常的运行时间，应该在 10 时 59 分前通过盘锦北，然而实际情况是列车晚点了；另一方面，刘组职工在计划作业时间之前进入了封闭网，确实有违规操作之嫌，但事故的发生时间已经在计划作业时间之内了。该职工又说，该事故的发生还有几个管理和调度上的失误嫌疑：其一是该列车晚点的消息为何没有及时向盘锦北站台发出，管理者为何没有根据晚点情况及时改变计划作业时间？其二是该列车快到站时，站台上的调度人员应该及时捕捉到相关信息，为何没有及时向刘组职工及时通报？

（资料来源：http://finance.eastmoney.com/news/1363,20131126340524533.html）

② 利用本任务所学知识，以课堂讨论的方式回答以下问题。

a．分析动车组列车撞人事故发生的原因。

b．从铁路安全管理的角度，简述应如何避免这类事故。

③ 根据课堂讨论的结果，将上述问题的答案以报告的形式提交给老师。老师根据完成情况，按表 1-2 为学生评分。

表 1-2　任务评分表

评价内容	满分	评分	备注
是否积极参与讨论活动	10		
课堂表达是否清晰、准确和得体	10		
是否准确分析事故原因	30		
是否准确说明避免事故的方法	30		
书面表达是否清晰、得体	20		
总分	100		

2. 任务目标

① 学会分析铁路客运事故发生的原因。

② 能够运用所学知识解决铁路客运安全的实际问题。

3. 任务自测

① 任意选取“引导案例”中的一个铁路事故，网上搜集相关资料，描述事故过程。

② 分析事故产生的原因。

③ 运用所学知识，简述应如何避免这类事故。

任务1.2　了解铁路安全管理法律法规

引导案例——旅客高铁吸烟造成列车降速，被罚款、限乘

一天中午，××次列车运行至茂名站和湛江西站区间时，列车突然发出烟雾报警并开始降速。列车工作人员闻讯赶往，在卫生间发现了正躲在里面吸烟的旅客谢某。列车到达湛江西站后，列车工作人员将谢某转交湛江西站派出所做进一步处理。由于《铁路安全管理条例》明确规定，禁止在动车组列车上吸烟，因此谢某被铁路警方依法予以行政罚款500元，并且被限乘180天。

思考：铁路客运中还有哪些行为是违法的？你还知道哪些与铁路安全管理相关的法律法规？

（资料来源：http://mini.eastday.com/mobile/200115220154222.html）

知识储备

为了更好地进行铁路安全管理，国家出台了一系列相关的法律法规，如《中华人民共和国铁路法》《中华人民共和国安全生产法》《铁路安全管理条例》《铁路旅客人身伤害及携带品损失事故处理办法》《铁路交通事故应急救援和调查处理条例》等。

1.2.1　《中华人民共和国铁路法》的相关规定

为了保障铁路运输和铁路建设的顺利进行，适应社会主义现代化建设和人民生活的需要，制定了《中华人民共和国铁路法》。

《中华人民共和国铁路法》自1991年5月1日起施行，分为总则、铁路运输营业、铁路建设、铁路安全与保护、法律责任和附则六部分，在此将铁路安全与保护、法律责任的相关内容摘录如下。

《中华人民共和国铁路法》

知识加油站

铁路包括国家铁路、地方铁路、专用铁路和铁路专用线。

① 国家铁路是指由国务院铁路主管部门管理的铁路。

② 地方铁路是指由地方人民政府管理的铁路。

③ 专用铁路是指由企业或者其他单位管理，专为本企业或者本单位内部提供运输服务的铁路。

④ 铁路专用线是指由企业或者其他单位管理的与国家铁路或者其他铁路线路接轨的岔线。

国务院铁路主管部门主管全国铁路工作，对国家铁路实行高度集中、统一指挥的运输管理体制，对地方铁路、专用铁路和铁路专用线进行指导、协调、监督和帮助。国家铁路运输企业行使法律、行政法规授予的行政管理职能。

1. 铁路安全与保护

第四十三条　铁路公安机关和地方公安机关分工负责共同维护铁路治安秩序。车站和列车内的治安秩序，由铁路公安机关负责维护；铁路沿线的治安秩序，由铁路公安机关和地方公安机关共同负责维护，以地方公安机关为主。

第四十八条　运输危险品必须按照国务院铁路主管部门的规定办理，禁止以非危险品品名托运危险品。

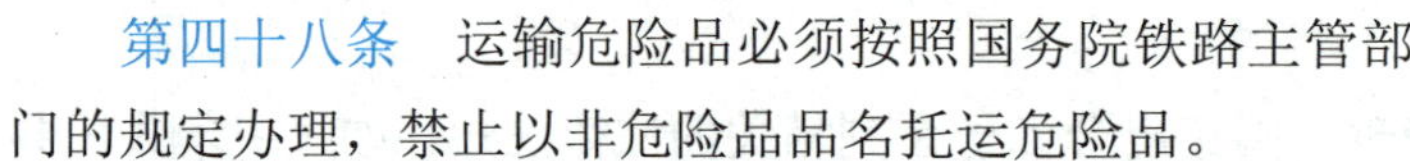

禁止旅客携带危险品进站上车。铁路公安人员和国务院铁路主管部门规定的铁路职工，有权对旅客携带的物品进行运输安全检查。实施运输安全检查的铁路职工应当佩戴执勤标志。

危险品的品名由国务院铁路主管部门规定并公布。

第五十三条　对聚众拦截列车或者聚众冲击铁路行车调度机构的，铁路职工有权制止；不听制止的，公安人员现场负责人有权命令解散；拒不解散的，公安人员现场负责人有权依照国家有关规定决定采取必要手段强行驱散，并对拒不服从的人员强行带离现场或者予以拘留。

第五十四条　对哄抢铁路运输物资的，铁路职工有权制止，可以扭送公安机关处理，现场公安人员可以予以拘留。

第五十五条　在列车内，寻衅滋事，扰乱公共秩序，危害旅客人身、财产安全的，铁路职工有权制止，铁路公安人员可以予以拘留。

第五十六条　在车站和旅客列车内，发生法律规定需要检疫的传染病时，由铁路卫生检疫机构进行检疫；根据铁路卫生检疫机构的请求，地方卫生检疫机构应予协助。

货物运输的检疫，依照国家规定办理。

2. 法律责任

第六十条　违反本法规定，携带危险品进站上车或者以非危险品品名托运危险品，导致发生重大事故的，依照刑法有关规定追究刑事责任。企业事业单位、国家机关、社会团体犯本款罪的，处以罚金，对其主管人员和直接责任人员依法追究刑事责任。

携带炸药、雷管或者非法携带枪支子弹、管制刀具进站上车的，比照刑法第一百六十三条的规定追究刑事责任。

第六十二条　盗窃铁路线路上行车设施的零件、部件或者铁路线路上的器材，危及行车安全，尚未造成严重后果的，依照刑法第一百零八条破坏交通设施罪的规定追究刑事责任；造成严重后果的，依照刑法第一百一十条破坏交通设施罪的规定追究刑事责任。

第六十三条　聚众拦截列车不听制止的，对首要分子和骨干分子依照刑法第一百五十九条的规定追究刑事责任。

聚众冲击铁路行车调度机构不听制止的，对首要分子和骨干分子依照刑法第一百五十八条的规定追究刑事责任。

第六十五条　在列车内，抢劫旅客财物，伤害旅客的，依照刑法有关规定从重处罚。

在列车内，寻衅滋事，侮辱妇女，情节恶劣的，依照刑法有关规定追究刑事责任；敲诈勒索旅客财物的，依照刑法有关规定追究刑事责任。

你在乘坐火车时，是否遇到过违反《中华人民共和国铁路法》规定的行为？铁路职工是如何应对的？试与班级同学分享讨论。

1.2.2　《中华人民共和国安全生产法》的相关规定

为了加强安全生产工作，防止和减少生产安全事故，保障人民群众生命和财产安全，促进经济社会持续健康发展，制定了《中华人民共和国安全生产法》。

《中华人民共和国安全生产法》

《中华人民共和国安全生产法》自2002年11月1日起施行，分为总则、生产经营单位的安全生产保障、从业人员的安全生产权利义务、安全生产的监督管理、生产安全事故的应急救援与调查处理、法律责任和附则七部分，在此将从业人员的安全生产权利义务的相关内容摘录如下。

第五十三条　生产经营单位的从业人员有权了解其作业场所和工作岗位存在的危险因素、防范措施及事故应急措施，有权对本单位的安全生产工作提出建议。

第五十四条　从业人员有权对本单位安全生产工作中存在的问题提出批评、检举、控告；有权拒绝违章指挥和强令冒险作业。

生产经营单位不得因从业人员对本单位安全生产工作提出批评、检举、控告或者拒绝违章指挥、强令冒险作业而降低其工资、福利等待遇或者解除与其订立的劳动合同。

第五十五条　从业人员发现直接危及人身安全的紧急情况时，有权停止作业或者在采取可能的应急措施后撤离作业场所。

生产经营单位不得因从业人员在前款紧急情况下停止作业或者采取紧急撤离措施而降低其工资、福利等待遇或者解除与其订立的劳动合同。

第五十七条　从业人员在作业过程中，应当严格遵守本单位的安全生产规章制度和操作规程，服从管理，正确佩戴和使用劳动防护用品。

第五十八条　从业人员应当接受安全生产教育和培训，掌握本职工作所需的安全生产知识，提高安全生产技能，增强事故预防和应急处理能力。

第五十九条　从业人员发现事故隐患或者其他不安全因素，应当立即向现场安全生产管理人员或者本单位负责人报告；接到报告的人员应当及时予以处理。

分小组学习《中华人民共和国安全生产法》，在网上查找并挑选一个违反《中华人民共和国安全生产法》的案例，在课堂上与其他同学分享，并谈一谈作为一名铁路从业人员，有哪些安全生产权利及义务。

1.2.3　《铁路安全管理条例》的相关规定

《铁路安全管理条例》

为了加强铁路安全管理，保障铁路运输安全和畅通，保护人身安全和财产安全，制定了《铁路安全管理条例》。

《铁路安全管理条例》自 2014 年 1 月 1 日起施行，分为总则、铁路建设质量安全、铁路专用设备质量安全、铁路线路安全、铁路运营安全、监督检查、法律责任和附则八部分，在此将铁路线路安全、铁路运营安全的相关内容摘录如下。

1. 铁路线路安全

禁放低空漂浮物

第五十三条　禁止实施下列危害电气化铁路设施的行为：

（一）向电气化铁路接触网抛掷物品；

（二）在铁路电力线路导线两侧各 500 米的范围内升放风筝、气球等低空飘浮物体；

（三）攀登铁路电力线路杆塔或者在杆塔上架设、安装其他

设施设备；

（四）在铁路电力线路杆塔、拉线周围 20 米范围内取土、打桩、钻探或者倾倒有害化学物品；

（五）触碰电气化铁路接触网。

第五十五条　铁路运输企业应当对铁路线路、铁路防护设施和警示标志进行经常性巡查和维护；对巡查中发现的安全问题应当立即处理，不能立即处理的应当及时报告铁路监督管理机构。巡查和处理情况应当记录留存。

小贴士

铁路安全管理坚持安全第一、预防为主、综合治理的方针。

2. 铁路运营安全

第六十一条　在法定假日和传统节日等铁路运输高峰期或者恶劣气象条件下，铁路运输企业应当采取必要的安全应急管理措施，加强铁路运输安全检查，确保运输安全。

第六十二条　铁路运输企业应当在列车、车站等场所公告旅客、列车工作人员以及其他进站人员遵守的安全管理规定。

第六十三条　公安机关应当按照职责分工，维护车站、列车等铁路场所和铁路沿线的治安秩序。

小贴士

图 1-3 所示为在暴雪天气下，车站应当组织职工清除道岔积雪。图 1-4 所示为公安机关正在维护车站治安秩序。

图 1-3　车站职工正在清除道岔积雪

图 1-4　公安机关正在维护车站治安秩序

禁止行人上道

第七十七条　禁止实施下列危害铁路安全的行为：

（一）非法拦截列车、阻断铁路运输；

（二）扰乱铁路运输指挥调度机构以及车站、列车的正常秩序；

（三）在铁路线路上放置、遗弃障碍物；

（四）击打列车；

（五）擅自移动铁路线路上的机车车辆，或者擅自开启列车车门、违规操纵列车紧急制动设备；

（六）拆盗、损毁或者擅自移动铁路设施设备、机车车辆配件、标桩、防护设施和安全标志；

（七）在铁路线路上行走、坐卧或者在未设道口、人行过道的铁路线路上通过；

（八）擅自进入铁路线路封闭区域或者在未设置行人通道的铁路桥梁、隧道通行；

（九）擅自开启、关闭列车的货车阀、盖或者破坏施封状态；

（十）擅自开启列车中的集装箱箱门，破坏箱体、阀、盖或者施封状态；

（十一）擅自松动、拆解、移动列车中的货物装载加固材料、装置和设备；

（十二）钻车、扒车、跳车；

（十三）从列车上抛扔杂物；

（十四）在动车组列车上吸烟或者在其他列车的禁烟区域吸烟；

（十五）强行登乘或者以拒绝下车等方式强占列车；

（十六）冲击、堵塞、占用进出站通道或者候车区、站台。

铁路快讯

罗某涉嫌非法拦截列车，被罚 2 000 元

有一次，××次列车在合肥站准备开车时，旅客罗某以等丈夫为由，用身体强行阻止车门关闭，不听劝阻，造成该次列车延迟发出。公安机关对此开展了调查取证。

随后，罗某到合肥站派出所主动承认了自己的错误。罗某的行为涉嫌“非法拦截列车、

阻断铁路运输”，扰乱了铁路车站、列车正常秩序，违反了《铁路安全管理条例》第七十七条规定，依据该条例第九十五条规定，公安机关责令罗某认错改正，对罗某处以2 000元罚款。

铁路相关部门提醒，乘坐列车时，广大旅客要遵守铁路运输安全法律法规，听从铁路工作人员指挥，自觉维护公共安全和秩序，共同营造和维护安全有序的旅行环境。

（资料来源：http://chuzhong.zujuan.com/question/detail-11832972.shtml）

1.2.4 《铁路旅客人身伤害及携带品损失事故处理办法》的相关规定

为了依法妥善处理铁路旅客人身伤害及携带品损失，维护旅客合法权益，制定了《铁路旅客人身伤害及携带品损失事故处理办法》。

《铁路旅客人身伤害及携带品损失事故处理办法》

《铁路旅客人身伤害及携带品损失事故处理办法》自2013年1月1日起施行，分为总则、现场处置与报告、善后处理、调查报告与统计、保障和附则六部分，在此将现场处置与报告、保障的相关内容摘录如下。

1. 现场处置与报告

第四条　列车、车站发生旅客人身伤害时，站车工作人员应当到场查看旅客伤害情况，报告列车长、站长组织救护，稳定旅客情绪，维护现场秩序。

第五条　因旅客伤害需交车站处理时，应移交前方县、市所在地车站或者当地具有公共医疗条件的停车站；需要提前报告运行所在铁路局客运调度时，由客调通知车站做好救护准备工作。

旅客不同意在前款规定的停车站下车处理时，应当由旅客出具拒绝下车治疗的书面声明，并按照本办法第十一条收集两份及以上证人证言。

第六条　列车因旅客伤害严重需紧急停车处理或发生三人以上疑似食物中毒的，应立即报告运行所在铁路局客运调度。接到报告后，客运调度应当立即根据列车长提出的要求，通知有关车站及值班主任（列车调度员），需要停车处理的停车处理，并报告本铁路局客运处。

第七条　列车发现旅客在区间坠车时应当立即停车按照第四条处理，并通知就近车站或将受伤旅客移交就近车站。需要防护时，按有关规定处理。

不具备停车条件或者迟延发现时，列车长应当报告运行所在铁路局客运调度，客运调度接到报告后立即通知值班主任，值班主任通知相关列车调度员和铁路公安局指挥中心，由列车调度员和铁路公安局指挥中心分别通知邻近车站及车站铁路公安派出所派人寻找。列车运行至前方停车站时，列车应拍发电报，向发生地和列车担当铁路局主管部门报告。

小贴士

图 1-5 所示为不具备停车条件或者迟延发现时的信息报告流程图。

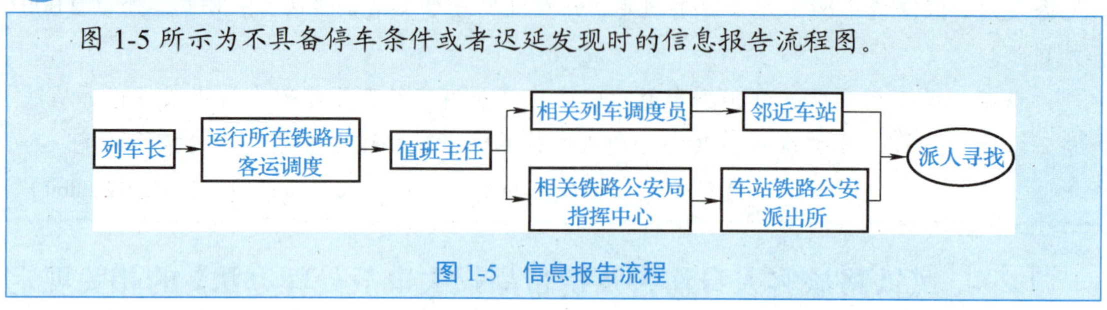

图 1-5　信息报告流程

第十条　发生旅客人身伤害，需要保护现场时，应当及时采取措施保护现场，禁止与救援、调查无关的人员进入。必要时，可请求地方政府协助。

第十一条　发生旅客人身伤害后，列车长、站长应当及时组织现场查验，全面搜索、梳理相关证据资料，检查旅客所持车票的票种、票号、发到站、车次、有效期及有效身份证件信息等，描绘现场旅客定位图，收集不少于两份同行人或见证人的证言及查验记录、现场照片、录像等其他相关证据，形成比较完整的证据链，能够证明发生的过程和原因，初步明确性质，并妥善保管。

旅客或第三人能够说明事件发生经过或责任的，应当由其出具书面材料，并签字确认。

涉及违法犯罪或者旅客死亡的，由铁路公安机关组织现场勘查。

证人应当具有完全民事行为能力。证人证言中应当记录证人的姓名、性别、年龄、地址、联系方式、有效身份证件信息等内容。有医务工作人员参加救治时，应当由其出具参与救治经过的证言。

证言、证据应当真实，能够反映事故发生的时间、地点、过程、原因和结果。

第十三条　列车发现精神异常旅客时，应重点关注，并按规定交到站或下车站妥善处理。列车运行途中，旅客有同行成年人的，应要求其同行成年人看护；无同行成年人时，应指派专人看护。必要时，可安排在适当位置看护。

车站发现进站乘车的旅客精神异常时，可不予其进站乘车，并为其办理退票手续。

第十五条　在站内或区间线路上发现有坠车旅客时，发现或接到通知的车站应当迅速通报有关列车。有关列车接到通报后，应当立即调查。

发生列车应当按照本办法第十一条、第十二条规定收集相关证据材料和旅客携带物品，并向处理站移交。

第十六条　对下列情况造成的旅客人身伤害应当立即向铁路公安机关报警。

（一）杀人、抢劫、抢夺、强奸、爆炸、纵火、绑架、结伙斗殴、寻衅滋事、故意伤害、击打列车、故意损坏、移交站车设备等违法犯罪行为；

（二）因散布谣言、谎报险情、疫情、警情、扬言放火、爆炸、投放危险物质，或者非法阻拦行车、堵塞通道等，引起公共秩序混乱；

（三）火灾、爆炸、中毒等治安灾害事故；

（四）精神病人肇事肇祸，醉酒滋事行为；

（五）自然灾害；

（六）铁路设备、设施故障造成的事故。

第十七条　发生旅客人身伤害及携带品损失且有下列情形之一的，应当及时通知铁路公安机关。

（一）应当控制、约束违法犯罪嫌疑人和扣押相关涉案物品的；

（二）应当保护现场、维持秩序、协同救助的；

（三）应当由铁路公安机关介入调查、获取证据、查明原因的；

（四）引发治安纠纷或者酿成群体性事件并影响站车秩序，应当及时处置的；

（五）造成旅客死亡的。

第十八条　车站、列车发生旅客人身伤害事故时，可用电话向所在单位或上级主管部门报告概况；但发生重伤以上旅客人身伤害时，应在第一时间以短信方式向所属铁路局主管部门报告，随后向有关铁路主管部门拍发速报，并逐级向上级主管部门和宣传部门报告。

报告（含速报）内容主要包括：

（1）发生日期、时间、车次、发生地点、车站、区间里程；

（2）伤亡旅客的姓名、性别、年龄、国籍、民族、职业、单位、有效身份证件号码、联系方式、住址以及车票种类、号码、发站、到站、车厢、席位等基本情况；

（3）发生经过、旅客伤亡及现场处理简况。

处理旅客人身伤害或携带品损失时，应当坚持实事求是、依法依规、就近及时的原则。

2. 保障

第三十条　铁路局及站、段应根据实际设置旅客人身伤害及携带品损失处理工作人员，配备照相机、摄像机、录音笔等必要的设备，给予适当的岗位、交通、通信等补贴，定期组织培训，提高业务能力。

第三十一条　铁路局企业法律部门应当加强对旅客人身伤害及携带品损失处理的指导，定期组织法律专业知识培训。

1.2.5 《铁路交通事故应急救援和调查处理条例》的相关规定

为了加强铁路交通事故的应急救援工作，规范铁路交通事故调查处理，减少人员伤亡和财产损失，保障铁路运输安全和畅通，根据《中华人民共和国铁路法》和其他有关法律的规定，制定了《铁路交通事故应急救援和调查处理条例》。

《铁路交通事故应急救援和调查处理条例》

《铁路交通事故应急救援和调查处理条例》自2007年9月1日起施行，分为总则、事故等级、事故报告、事故应急救援、事故调查处理、事故赔偿、法律责任和附则八部分，在此将事故等级、事故报告和事故应急救援的相关内容摘录如下。

小贴士

铁路交通事故（以下简称事故）是指铁路机车车辆在运行过程中与行人、机动车、非机动车、牲畜及其他障碍物相撞，或者铁路机车车辆发生冲突、脱轨、火灾、爆炸等影响铁路正常行车的事故。

1. 事故等级

第八条　根据事故造成的人员伤亡、直接经济损失、列车脱轨辆数、中断铁路行车时间等情形，事故等级分为特别重大事故、重大事故、较大事故和一般事故。

知识加油站

表1-3所示为不同等级事故的类型及其具体情形。

表1-3　不同等级的事故

事故类型	具体情形
特别重大事故	① 造成30人以上死亡，或者100人以上重伤（包括急性工业中毒，下同），或者1亿元以上直接经济损失的 ② 繁忙干线客运列车脱轨18辆以上并中断铁路行车48小时以上的 ③ 繁忙干线货运列车脱轨60辆以上并中断铁路行车48小时以上的
重大事故	① 造成10人以上30人以下死亡，或者50人以上100人以下重伤，或者5 000万元以上1亿元以下直接经济损失的 ② 客运列车脱轨18辆以上的 ③ 货运列车脱轨60辆以上的 ④ 客运列车脱轨2辆以上18辆以下，并中断繁忙干线铁路行车24小时以上或者中断其他线路铁路行车48小时以上的 ⑤ 货运列车脱轨6辆以上60辆以下，并中断繁忙干线铁路行车24小时以上或者中断其他线路铁路行车48小时以上的

（续表）

事故类型	具体情形
较大事故	① 造成 3 人以上 10 人以下死亡，或者 10 人以上 50 人以下重伤，或者 1 000 万元以上 5 000 万元以下直接经济损失的 ② 客运列车脱轨 2 辆以上 18 辆以下的 ③ 货运列车脱轨 6 辆以上 60 辆以下的 ④ 中断繁忙干线铁路行车 6 小时以上的 ⑤ 中断其他线路铁路行车 10 小时以上的
一般事故	造成 3 人以下死亡，或者 10 人以下重伤，或者 1 000 万元以下直接经济损失的

注：上述所称的“以上”包括本数，“以下”不包括本数。

想一想

任务 1.1 引导案例中介绍的铁路十大惨烈事故分别属于哪个等级？

2. 事故报告

第十四条　事故发生后，事故现场的铁路运输企业工作人员或者其他人员应当立即报告邻近铁路车站、列车调度员或者公安机关。有关单位和人员接到报告后，应当立即将事故情况报告事故发生地铁路管理机构。

第十五条　铁路管理机构接到事故报告，应当尽快核实有关情况，并立即报告国务院铁路主管部门；对特别重大事故、重大事故，国务院铁路主管部门应当立即报告国务院并通报国家安全生产监督管理等有关部门。

发生特别重大事故、重大事故、较大事故或者有人员伤亡的一般事故，铁路管理机构还应当通报事故发生地县级以上地方人民政府及其安全生产监督管理部门。

小贴士

图 1-6 所示为事故发生后的信息报告流程。

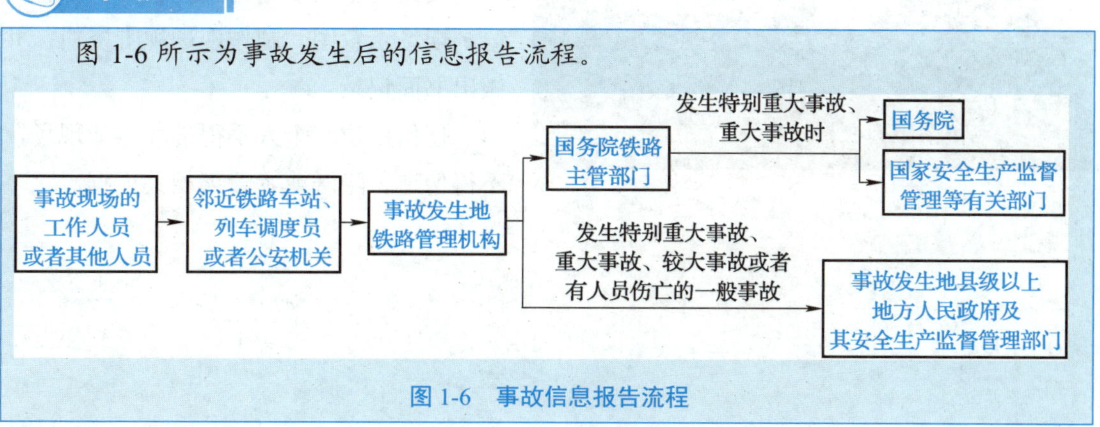

图 1-6　事故信息报告流程

第十六条　事故报告应当包括下列内容：

（一）事故发生的时间、地点、区间（线名、公里、米）、事故相关单位和人员；

（二）发生事故的列车种类、车次、部位、计长、机车型号、牵引辆数、吨数；

（三）承运旅客人数或者货物品名、装载情况；

（四）人员伤亡情况，机车车辆、线路设施、道路车辆的损坏情况，对铁路行车的影响情况；

（五）事故原因的初步判断；

（六）事故发生后采取的措施及事故控制情况；

（七）具体救援请求。

事故报告后出现新情况的，应当及时补报。

3. 事故应急救援

第十八条　事故发生后，列车司机或者运转车长应当立即停车，采取紧急处置措施；对无法处置的，应当立即报告邻近铁路车站、列车调度员进行处置。

为保障铁路旅客安全或者因特殊运输需要不宜停车的，可以不停车；但是，列车司机或者运转车长应当立即将事故情况报告邻近铁路车站、列车调度员，接到报告的邻近铁路车站、列车调度员应当立即进行处置。

第二十条　事故发生后，国务院铁路主管部门、铁路管理机构、事故发生地县级以上地方人民政府或者铁路运输企业应当根据事故等级启动相应的应急预案；必要时，成立现场应急救援机构。

第二十四条　有关单位和个人应当妥善保护事故现场以及相关证据，并在事故调查组成立后将相关证据移交事故调查组。因事故救援、尽快恢复铁路正常行车需要改变事故现场的，应当做出标记、绘制现场示意图、制作现场视听资料，并做出书面记录。

任何单位和个人不得破坏事故现场，不得伪造、隐匿或者毁灭相关证据。

复兴之路

出台铁路安全法规规章，排查安全隐患

铁路是国民经济大动脉，也是关键基础设施和重大民生工程，铁路安全关系国家安全和人民群众生命财产安全。随着铁路的加速建设，由铁路沿线环境因素造成的铁路交通事故、设备故障以及列车运行安全的隐患日益受到重视。推进铁路沿线环境的安全治理，是推动铁路高质量安全发展的必然要求，也是保障人民群众生命财产安全的现实需要。

多个省区市相继出台铁路安全法规规章，多部门协同共治，建立机制，开展排查安全隐患工作，铁路沿线环境的安全治理取得良好成效。截止 2021 年 4 月底，已有 22 个省区市出台了铁路安全法规规章。

加快推进铁路安全地方立法，有利于解决影响铁路高质量安全发展的源头性问题。只有努力把铁路建设成为安全的“风景线”，更好地推进“平安中国”建设，才能不断增强人民群众的安全感、幸福感。

（资料来源：http://news.youth.cn/jsxw/202104/t20210430_12903872.htm）

知识加油站

除了上述介绍的铁路安全管理法律法规外，还有《铁路消防管理办法》《铁路交通事故调查处理规则》《最高人民法院关于确定民事侵权精神损害赔偿责任若干问题的解释》《最高人民法院关于审理人身损害赔偿案件适用法律若干问题的解释》《动车组列车旅客运输管理暂行办法》《动车组列车运输服务质量规范》《空调列车服务质量规范》等，现简要介绍如下。

①《铁路消防管理办法》。为加强铁路消防工作，预防火灾事故，减少火灾危害，保障铁路运输生产、基本建设和人身、财产安全，根据《中华人民共和国消防法》，制定了《铁路消防管理办法》。《铁路消防管理办法》自 2009 年 6 月 1 日起施行，分为总则、火灾预防、监督检查、火灾扑救和事故调查、附则五部分。

②《铁路交通事故调查处理规则》。为及时准确调查处理铁路交通事故，严肃追究事故责任，防止和减少铁路交通事故的发生，根据《铁路交通事故应急救援和调查处理条例》，制定了《铁路交通事故调查处理规则》。《铁路交通事故调查处理规则》自 2007 年 9 月 1 日起施行，分为总则、事故等级、事故报告、事故调查、事故责任判定和损失认定、事故统计、分析、罚则和附则九部分。

③《最高人民法院关于确定民事侵权精神损害赔偿责任若干问题的解释》。该解释2001年2月26日由最高人民法院审判委员会第1 161次会议通过，根据2020年12月23日最高人民法院审判委员会第1 823次会议通过的《最高人民法院关于修改〈最高人民法院关于在民事审判工作中适用《中华人民共和国工会法》若干问题的解释〉等二十七件民事类司法解释的决定》修正。为在审理民事侵权案件中正确确定精神损害赔偿责任，根据《中华人民共和国民法典》等有关法律规定，结合审判实践，制定本解释。

《铁路消防管理办法》

《铁路交通事故调查处理规则》

《最高人民法院关于确定民事侵权精神损害赔偿责任若干问题的解释》

④《最高人民法院关于审理人身损害赔偿案件适用法律若干问题的解释》2003年12月4日由最高人民法院审判委员会第1 299次会议通过，根据2020年12月23日最高人民法院审判委员会第1 823次会议通过的《最高人民法院关于修改〈最高人民法院关于在民事审判工作中适用《中华人民共和国工会法》若干问题的解释〉等二十七件民事类司法解释的决定》修正。

为正确审理人身损害赔偿案件，依法保护当事人的合法权益，根据《中华人民共和国民法典》《中华人民共和国民事诉讼法》等有关法律规定，结合审判实践，制定本解释。

⑤ 为适应既有线开行动车组列车需要，不断满足旅客安全、快速、便利、优质的运输服务需求，特制定《动车组列车旅客运输管理办法（暂行）》。本办法自2007年4月18日起施行。

《最高人民法院关于审理人身损害赔偿案件适用法律若干问题的解释》

《动车组列车旅客运输管理办法（暂行）》

⑥《动车组列车服务质量规范》分为适用范围、术语与定义、安全秩序、设备设施、服务备品、整备、文明服务、应急处理、列车经营、高铁快件、人员素质和基础管理十二部分。

⑦《空调列车服务质量规范》分为适用范围、术语与定义、安全秩序、设备设施、服务备品、整备、文明服务、应急处理、列车经营、行包、人员素质和基础管理十二部分。

《动车组列车服务质量规范》

《空调列车服务质量规范》

另外，学生还可自行查阅由中国铁道出版社出版的《电气化铁路有关人员电气安全规则》，它是为保证电气化铁路沿线有关人员的电气安全和有效地防止触电伤亡事故而制定的。

任务实施——知识竞赛对决争锋

1. 任务描述

任务分三轮进行，每轮以知识竞赛的形式进行，通过三轮竞赛，评选出冠军、亚军、季军队伍及“班级 MVP”。

知识竞赛题

2. 任务目标

巩固铁路安全管理法律法规的基础知识。

3. 任务实施

1）第一轮竞赛

① 全班学生自行组成 4 个队伍，每个队伍人数尽量保持一致，4 个队伍以抽签的形式两两分组。

② 老师分别组织两组进行比赛，一组比赛，另一组在场外观战，不可提示。

③ 总分多的一队为胜出队伍，分别决出两组的优胜者。

比赛题目分为必答题和抢答题两类。对于必答题，每个队伍派出一个代表做答，回答错误不扣分；对于抢答题，学生举手抢答，回答错误按本题相应分值扣分，并由其他人继续抢答。

2）第二轮竞赛（争夺季军）

① 第一轮失败的 2 个队伍争夺季军，其余队伍在场外观战，不可提示。

② 老师组织竞赛，学生举手抢答，若回答错误，则可由其他人继续抢答。

③ 总分多的一队为季军队伍。

④ 本轮比赛结束后，两队学生根据自己两轮正确答题数算出自己的分数。

3）第三轮竞赛（争夺冠军及“班级 MVP”）

① 第一轮胜出的 2 个队伍争夺冠军，其余队伍在场外观战，不可提示。

② 老师组织竞赛，学生举手抢答，若回答错误，则可由其他人继续抢答。

③ 总分多的一队为冠军队伍，总分少的为亚军队伍。三轮竞赛总分最多的学生获得“班级 MVP”称号。

④ 本轮比赛结束后，两队学生根据自己的两轮正确答题数算出自己的分数。

4. 任务考核

① 学生统计出自己的答题情况，并计算出分数，填写在表 1-4 中。

② 学生将自己在竞赛中出现的不会或答错的题列在表 1-4 中，并写出答案。

表 1-4 任务评价表

正确答题数	得分	备注

竞赛中不会或答错的题目及答案：

教师点评：

榜样力量

温暖百万旅途人的新时代铁路榜样

陈美芳是中国铁路上海局集团有限公司杭州客运段甬广车队的业务员，扎根甬广列车，服务旅客超过 150 万人次，往返逾 1 200 趟。在工作中，她总结出了独特的“十二个一点工作法”“四水服务法”“厕所清洁六步曲”，浸润万千旅客的温馨行程。

陈美芳心系旅客冷暖，把旅客当成自己的家人。她通过细心观察、调查思考、走访询问等，从旅客需求出发，开创了多个充满温情的特色服务项目。例如，为解决旅客旅途中遇到的燃眉之急，她自掏腰包购置了毯子、儿童枕、充电宝、老花镜等百余种旅行常用物品，配置了一个“百宝箱”；她将历年来获得的各种荣誉奖金捐出，成立了“美芳爱心基金”，帮助旅途中有经济困难的旅客。

为更好地带动大家做好服务，陈美芳在自己车班发起并成立了亲情服务团队，车队于 2010 年初将其命名为陈美芳亲情服务团队。2014 年杭州客运段成立陈美芳劳模工作室，在更大范围内发挥其示范带动作用。

陈美芳携团队设立了列车长服务热线、开展“亲情接力”服务工作、建立“老乘客”信息库……在团队的精心组织下，服务活动一项接着一项，由陈美芳独创的“十二个一点服务法”和“四水服务法”也在全队推行，受到旅客和列车工作人员的广泛好评。

陈美芳和团队还走下列车，参与各类公益活动，开展安全乘车宣传工作，并成立了“劳模智囊团”，联合医疗、公安、交通等各行各业的力量更好地应对列车突发状况，解决旅客的困难。

做好服务不仅要有一颗热忱的心，还要跟上社会发展的步伐，不断创新，以提升铁路整体形象。陈美芳注册了“陈美芳亲情服务团队”微信公众号，并将二维码张贴在每一节车厢，旅客只要手机扫一扫，既可以查询列车时刻表，还可以了解列车特色服务及列车供应餐食，并在手机上直接点餐下单。为更好响应“最多跑一次”改革，陈美芳还带领乘务员主动下车厢办理补票业务，取代原有的旅客“上门补票”方式。在落实“厕所革命”工作中，陈美芳立足岗位认真实践探索，总结出了“厕所清洁六步曲”，并将此拍成视频，在全队推广实施。

（资料来源：http://zmfdz.news.cn/284/index.html）

项目学习效果综合考核

1. 填空题

（1）安全是指在人类生产过程中，能将人或物的损失控制在__________的状态。

（2）影响铁路客运安全的因素错综复杂，涉及面广，主要包括__________、__________、__________和__________。

（3）当事故发生后，按照__________和安全奖惩办法，定因、定性、定责，严格惩处。

（4）铁路运输企业应当在列车、车站等场所公告__________遵守的安全管理规定。

（5）车站、列车发生旅客人身伤害事故时，可用电话向所在单位或上级主管部门报告概况；但发生重伤以上旅客人身伤害时，应在第一时间以__________向所属铁路局主管部门报告。

（6）事故发生后，__________或者__________应当立即停车，采取紧急处置措施；对无法处置的，应当立即报告邻近铁路车站、列车调度员进行处置。

2. 判断题

（1）铁路工作人员是保障铁路安全的最关键人员。（　　）

（2）行车安全是铁路客运安全中最重要、最核心的部分，是衡量铁路管理水平和各部门工作质量的主要指标之一。（　　）

（3）铁路的治安秩序只由铁路公安机关维护。（　　）

（4）在列车内，抢劫旅客财物，伤害旅客的，依照刑法有关规定从重处罚。（　　）

（5）发生旅客人身伤害，需要保护现场时，应当及时采取措施保护现场，禁止与救援、调查无关的人员进入。必要时，可请求地方政府协助。（　　）

（6）造成10人以上30人以下死亡，或者50人以上100人以下重伤，或者5 000万元以上1亿元以下直接经济损失的事故属于较大事故。（　　）

3. 简答题

（1）什么是安全和安全管理？

（2）简述铁路客运安全管理的内容。

（3）试列举至少三个铁路安全管理法律法规。

（4）危害电气化铁路设施的行为有哪些？（至少列举三种）

（5）禁止实施下列危害铁路安全的行为有哪些？（至少列举三种）

（6）列车因旅客伤害严重需紧急停车处理或发生三人以上疑似食物中毒时，报告流程是怎样的？

（7）发现行为、神情异常旅客时，应当如何处理？

（8）事故发生后，事故上报流程是怎么样的？事故报告应当包括哪些内容？

项目 2 列车安全管理与应急处理

在进行铁路旅客运输过程中，列车可能会发生列车晚点、设备异常、火灾等突发事件，这必将会给正常交通运营带来不利影响。为了降低突发事件对铁路列车运营造成的影响，乘务员必须熟练掌握突发事件的应急处理方法，迅速、有效地进行应急处理。

本项目主要介绍了列车安全管理与应急处理的相关知识，具体包括列车晚点，线路中断时对被阻旅客、行包，动车组设备异常，列车发生火灾事件，列车突发重大疫情，旅客食物中毒事件，旅客人身伤害及突发伤、急病事件和列车安全综治事件等的安全管理与应急处理。

知识目标

（1）掌握列车晚点的预防控制与应急处理方法。

（2）掌握线路中断时对被阻旅客、行包的应急处理方法。

（3）掌握动车组设备异常的预防控制与应急处理方法。

（4）掌握列车发生火灾事件的预防控制与应急处理方法。

（5）掌握列车突发重大疫情的预防控制与应急处理方法。

（6）掌握旅客食物中毒事件的预防控制与应急处理方法。

（7）掌握旅客人身伤害及突发伤、急病事件的预防控制与应急处理方法。

（8）掌握列车安全综治事件的预防控制与应急处理方法。

能力目标

（1）能够进行列车各种非正常情况的应急处理。

（2）具备将列车安全管理与应急处理的理论知识应用于实践的能力。

素质目标

（1）弘扬投入国家建设的爱国精神，树立勇担时代使命的奋斗意识。

（2）加强应用理论知识解决实际问题的应变能力。

（3）践行服务集体、团结协作、顾全大局的团队精神。

任务 2.1 列车晚点安全管理与应急处理

引导案例——列车长被逼哭，高铁晚点应急需跟上速度

某日 16 时，京广高铁武广段的赤壁北站因强降雨造成设备故障，使得途经该区段的列车大面积晚点。受此影响，长沙南站近 50 趟列车晚点，最长晚点时间近 6 小时，少量列车停运。

从北京西开往邵阳的××次列车原计划于 18 时 41 分到达长沙南站，但晚上 10 点仍在湖北孝感附近停靠。一些旅客情绪激动地围堵在列车长室门口，训斥列车长："你干这个岗位，就必须解决！"列车长带着哭腔称："我也没办法，只能逐级反映，铁路系统就是这个样子。"

列车因天气等不可抗力而晚点，这是无法控制的，但列车晚点后启动必要的应急预案，却是列车工作人员不能推卸的责任。事实上，旅客未必是恼怒于列车晚点，而是不满于列车晚点后工作人员的应对方式。例如，有旅客称，根据始发站与故障时间推算，最早上车的旅客已在高铁上停留近 12 个小时，且期间餐车除矿泉水外全部卖空，但是乘务员并未及时通知。另外，还出现了孕妇身体不适、小孩哭闹不停、老人呼吸不畅等各种情况。面对上述情况，列车方面到底做了哪些工作，从结果看显然并未让旅客满意。甚至有旅客怀疑："列车人员自己都很慌乱，好像没有任何应对紧急情况的培训和措施。"

思考：案例中工作人员的做法有哪些不妥之处？针对列车晚点，列车各岗位人员应如何正确应对？应该从哪些方面加强列车晚点的预防控制？

（资料来源：http://opinion.cnnb.com.cn/system/2019/04/29/030047780.shtml）

知识储备

列车晚点是指列车开出或到达晚于规定时间。列车晚点不分时段，无论是在平常还是在客流高峰期都有可能出现。造成列车晚点的原因很多，如恶劣天气（暴雨、暴雪、大雾等）、设备故障、司机未按规定驾驶等。

列车晚点不仅会使旅客滞留，耽误旅客出行，还可能引发旅客身体和心理不适，导致旅客焦躁不安、情绪激动，甚至危及旅客人身及财产安全。

铁路快讯

高铁列车因大雾晚点

某日，××次列车因大雾天气预计晚点 1 小时 20 分，引发了很多旅客的不满。其中，5 号车厢的部分旅客情绪激动、反应强烈，这是因为晚点很可能使他们赶不上飞机。列车长到达该车厢后，这些旅客非常激动地围住了列车长，向其讨要一个说法。对此，列车长非常耐心地对旅客进行了解释和安抚，旅客才渐渐平静下来，回到了各自的座位。随后，列车长向上级进行了汇报。

2.1.1 列车晚点的预防控制

为了避免出现各种列车晚点的情况，铁路相关部门应采取有效的预防控制措施，具体如下。

① 提高对列车正点的重视程度，将列车正点作为树立现代化铁路形象的目标，加强对列车正点的技术攻关研究，提高列车正点率水平。

② 建立逐级责任考核制度，将列车正点率作为各铁路局的重要考核指标，把列车正点和各铁路局、站段的经济效益挂钩，不断改进工作，努力减少或消除列车晚点因素。

③ 提高列车正晚点统计的真实性和权威性，努力解决列车正点统计工作中的虚假不实问题。

④ 加强行车设备的维修与保养，尽可能降低设备的故障率。

复兴之路

数十载守护铁路安全

周建东是中国铁路太原局集团有限公司朔州工务段应县线路车间副主任。针对管辖的线路内客货混跑、万吨列车密度大的特点，周建东虚心学习求教，熟练掌握了道岔的综合整治方法，为运输畅通发挥了技术骨干的带头作用。

工作中，周建东勤学苦练、深专细研，针对万吨列车、客车通过道岔的不同病害，能够因地制宜地制订整治方案，是一名信得过的道岔能人。他长期奔波于大秦线、北同蒲线、韩原线、准朔线等线路，进行现场调研，提出优质方案。入路数十载，周建东表现出色，获得的荣誉称号数不胜数。

（资料来源：http://news.youth.cn/gn/202103/t20210308_12751640.htm）

2.1.2 列车晚点的应急处理

当发生列车晚点时，铁路相关工作人员应立即进行应急处理，其流程如图 2-1 所示。

图 2-1 列车晚点应急处理流程

① 广播致歉。列车长应及时与司机联系，了解列车晚点原因和列车运行情况，晚点超过 10 分钟及以上时要及时向段派班室及车队汇报情况，听从指示。同时，列车长要求做好对外解释工作。

当列车晚点超过 15 分钟时，列车长应通过广播向旅客致歉，说明晚点原因和预计晚点时间，安抚和稳定旅客情绪。广播时应严格按照规定的通报用语播报，每次广播间隔时间不得超过 30 分钟。

列车晚点广播用语示例

女士们、先生们，受降雪影响，列车需降速运行，本次列车预计晚点 40 分钟。由于列车晚点给您造成的不便，我代表全体乘务员向您表示诚挚的歉意，敬请谅解。

知识加油站

遇下列情况之一时，列车长应及时向段派班室、车队汇报。

a. 行车设备发生故障造成动车组非正常运行或停车时。

b. 动车组发生故障在 20 分钟内不能恢复运行或预计运行和到达晚点 30 分钟及以上时。

c. 动车组发生故障后，如果区间停车超过 20 分钟、站内停车超过 30 分钟，仍无法判明故障原因或虽已判明故障原因，但短时间内难以修复故障时。

d. 故障造成动车组无法运行且全列空调失效时。

动车组列车晚点应急处理

② 加强巡视。列车长应组织乘务员加强对车厢的巡视，掌握旅客动态，做好宣传解释工作，提供优质服务，维持好车内秩序。

③ 转乘登记。乘务员在车内巡视时，要及时了解旅客需求，对需要转乘的旅客做好登记工作，并集中报列车长。列车长应根据登记情况及时上报，以确保旅客后期能顺利乘车。

④ 办理交接。当旅客提出赔偿或退票时，列车长要根据现行法律法规和铁路规章做好解释工作，力求取得旅客的理解和配合。若旅客情绪激动，列车长可提前通知前方停车站派人接车处理。

⑤ 信息上报。列车长应及时将列车晚点的处置情况上报。

知识加油站

动车组列车晚点会供餐吗？

当列车晚点 1 小时以上且逢用餐时间时，列车长要提前统计车上旅客人数及去向，向所在地铁路局客运调度报告，由客运调度安排前方停车站做好供餐准备工作，免费为旅客供餐。车站按客运调度的安排，为晚点动车组列车提供食品，并做好应急食品使用的登记工作，与晚点动车组列车长一起签字确认。

任务实施——列车晚点应急处理模拟演练

1. 任务描述

选择下列情景之一或自行设置情景，采用分角色扮演法进行列车晚点应急处理模拟演练。

情景一：××××年××月××日，××次列车在××站至××站之间运行时，由于接触网故障而发生晚点。

情景二：××××年××月××日，××次列车在××站至××站之间运行时，由于遭遇暴雪而发生晚点。

2. 任务目标

① 掌握列车晚点的应急处理方法。

② 培养和提高学生对列车晚点的应急处理能力。

3. 任务准备

① 场地：应急处理模拟演练实训场地。

② 角色：乘务员若干，列车长 1 名，司机 1 名，车站值班员 1 名，客运调度 1 名。

③ 道具：对讲机若干。

4. 任务流程

① 将全班学生分成若干组，每组 8～10 人。

② 每组根据所给情景或自行设置情景，编写演练脚本，并据此反复进行预演，逐步

完善，同时将小组名称、演练过程等填入表 2-1 中。

③ 各小组分别进行汇报演练。

④ 汇报演练结束后，各小组互评，教师对各小组的汇报演练进行点评，指出演练中存在的问题。教师可按表 2-1 给各小组评分。

表 2-1 列车晚点应急处理模拟演练表

<table>
<tr><td>小组名称</td><td colspan="2"></td></tr>
<tr><td>演练过程</td><td colspan="2"></td></tr>
<tr><td rowspan="6">演练评分</td><td>是否积极参与（20 分）</td><td></td></tr>
<tr><td>整体组织指挥是否协调（20 分）</td><td></td></tr>
<tr><td>岗位分工是否明确（20 分）</td><td></td></tr>
<tr><td>内容是否准确、完整（20 分）</td><td></td></tr>
<tr><td>表达是否流畅、清晰和得体（20 分）</td><td></td></tr>
<tr><td>总分（100 分）</td><td></td></tr>
<tr><td>存在的问题</td><td colspan="2"></td></tr>
</table>

5. 演练脚本

接触网故障导致列车晚点的演练脚本示例如下。

（2020 年 1 月 26 日，××次列车从××站开往××站期间，由于接触网故障而发生晚点。）

列车长：“××次司机，我是××次列车长。”

司机：“××次司机收到，请讲。”

列车长：“列车因为什么晚点？”

司机：“前方接触网故障正在抢修，未给出站信号。”

列车长："列车预计晚点多长时间？"

司机："列车预计晚点 30 分钟。"

（列车长通过对讲机通知所有乘务员，做好对外解释工作，加强车内巡视。）

列车长："全体乘务员注意，因前方接触网故障，列车预计晚点 30 分钟，预计 13 时 21 分恢复运行。各乘务员要加强车内巡视，掌握旅客动态，了解旅客需求，稳定旅客情绪，维护车内秩序。对中转换乘等时间性要求较强的旅客，要做好登记工作，统一报我。"

1～4 车乘务员："1～4 车乘务员收到。"

5～8 车乘务员："5～8 车乘务员收到。"

9～12 车乘务员："9～12 车乘务员收到。"

13～16 车乘务员："13～16 车乘务员收到。"

（列车长通过广播致歉。）

列车长："女士们、先生们，由于接触网故障，列车预计晚点 30 分钟，预计 13 时 21 分恢复运行，给您造成不便，向您表示诚挚的歉意。"

（列车长向客运调度报告。）

列车长："客运调度，我是××次列车长，列车现停在××站，因前方接触网故障，列车预计晚点 30 分钟。车内现有旅客 890 人，车内秩序正常，旅客无不良反应。"

客运调度："收到。"

（乘务员进入车厢进行宣传，了解有特殊需求的旅客的情况并进行登记。将旅客需求统计完毕后，乘务员依次向列车长报告。）

1～4 车乘务员："报告列车长，1～4 车无中转换乘及其他需求旅客。"

5～8 车乘务员："报告列车长，5～8 车无中转换乘及其他需求旅客。"

9～12 车乘务员："报告列车长，9 号车有一名旅客要在××站中转××次列车。"

13～16 车乘务员："报告列车长，13 号车有一名旅客要在××站中转××次列车。"

列车长："收到。"

（列车长掌握旅客个人信息和中转车次后，立即交站处理，并向旅客做好解释工作，随后向客运调度报告。）

列车长："客运调度，我是××次列车长，因列车晚点 30 分钟，9 号车和 13 号车分别有一名旅客无法在××站转乘××次列车，已交车站处理。"

客运调度："收到。"

（列车到站后，列车长与车站值班员办理交接。）

列车长："车站值班员，我是××次列车长，因列车晚点，两名旅客无法中转××次列车，请办理一下交接。"

车站值班员："好的。"

（待旅客全部下车后，列车长向客运调度报告。）

列车长：“客运调度，我是××次列车长，列车终到××站晚点30分钟，两名中转旅客已与车站办理交接，旅客无不良反应。”

客运调度：“收到。”

…………

任务2.2 线路中断时对被阻旅客、行包安全管理与应急处理

引导案例——泥石流灾害致使多趟列车中断运行

某日，由于受持续强降雨影响，某铁路段发生泥石流灾害，严重影响列车运行安全，致使途经该区段的多趟旅客列车晚点、折返和停运。险情发生后，铁路相关部门立即启动应急预案，封锁灾害区间，扣停在途列车，组织沿线工务、电务等单位开展灾害处置工作，同时各车站增开窗口，为旅客办理退票、改签手续。

思考：你知道线路中断后，应如何处置被阻旅客、行包吗？

（资料来源：http://df.youth.cn/yczq/201807/t20180706_11662958.htm）

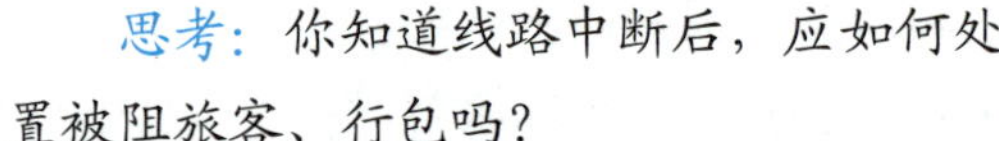

知识储备

2.2.1 线路中断对被阻旅客的安全管理与应急处理

由于自然灾害（如台风、暴雪、洪水）、行车事故或其他原因造成列车运行线路中断，致使列车不能继续正常行驶时，车站、列车应按以下规定妥善安排被阻旅客。

① 列车长应迅速了解停运原因，组织列车工作人员维持车内秩序。火灾事故造成线路中断时，应组织旅客撤离现场，抢救伤员，扑救火灾（必要时应分解列车），调查取证，并迅速与就近车站联系，向客运调度及上级有关领导报告情况。

② 列车停运且不能在短时间内恢复运行时，车站、列车应做好服务工作，解决旅客

的困难，做好饮食供应工作，必要时向地方政府报告请求援助。

向铁路主管部门请求命令后，事故发生局还应向全路发出停办客运业务的电报，恢复通车时也照此办理。

线路中断时，旅客可以要求在原地等候通车，返回发站、中途站退票，或按照承运人的安排绕道继续乘坐。

③ 对旅客车票按如下规定处理。

a．停止运行站或列车应在旅客车票背面注明“原因、日期、返回××站”字样或贴同样内容的小条，并加盖站名戳或列车长名章，作为旅客免费返回发站、中途站办理退票或改签的凭证。

b．列车在发站或由中途站返回发站停运时，应退还车票的全部票额，其中包括在列车上补购的车票，但不包括罚款、手续费、超重（或超大）携带品的补收费用和已使用至到站的车票。

c．在停止运行站或返回中途站退票时，退还已收票价与发站至停止运行站的票价差额，不足起码里程按起码里程计算。

d．铁路组织已购票的被阻旅客乘坐原列车绕道运输时，旅客持原票乘坐有效。组织旅客换乘其他列车绕道运输时，车站应为旅客办理签证手续，在车票背面注明“因××绕道××站（线）乘车”并加盖站名戳。乘坐绕道运输列车的原座别、铺别时，票价不补不退；变更座别、铺别时，补收或退还差额。旅客中途自行下车时，车票随即失效。

e．旅客要求在发站或中途站（返回途中自行下车无效）等候继续乘坐时，旅客可凭原车票在通车10日内乘坐。

f．当线路中断，旅客索要证明时，车站应为其开具文字证明，并加盖站名戳。

2.2.2　线路中断对被阻行李、包裹的安全管理与应急处理

线路中断、列车不能继续运行后，应按下列规定安排被阻行李、包裹。

① 对于未装运的行李、包裹，留在发站待运或备托运人办理取消托运业务。

② 对于已装运在途被阻的行李、包裹，列车折返时由折返铁路局集团公司根据具体情况指定卸在折返站或临近较大车站（列车不折返、待命继续运行的不卸）。如果折返区

段车站均为中间小站，可与相邻铁路局集团公司协商，将被阻行李、包裹在较大车站卸下保管。线路恢复后，应优先装运被阻行李、包裹，并在票据记事栏注明被阻日数，加盖站名戳。

③ 根据托运人的要求，在发站和由中途站返回发站的行李、包裹取消托运时，收回行李、包裹票，在旅客页和报单页记事栏注明“线路中断、取消托运”，填写“退款证明书”退还全部运费并将收回的行李、包裹票附在“退款证明书”报告页上报。

④ 旅客或收货人、托运人在中途站领取被阻行李、包裹时，收回行李、包裹票，填写“退款证明书”，退还已收运费与发站至领取站间的运费差额，不足起码里程按起码里程计算，并在行李、包裹票旅客页、报单页的记事栏注明“线路中断、中途提取”，附在“退款证明书”报告页上报。

⑤ 旅客在发站停止乘坐，行李已运至到站，要求将行李运回发站时，在行李票报销页加盖“交付讫”戳，在记事栏注明“因线路中断、行李运至到站返回，运费不退”，交旅客作为报销凭证。

⑥ 旅客在发站或中途站停止乘坐，要求仍将行李运至到站时，补收全程或中止旅行站至到站的行李、包裹差价。

⑦ 包裹在中途被阻，托运人要求变更到站，补收或退还已收运费与发站至新到站的运费差额，不收变更手续费。在“客运运价杂费收据”或“退款证明书”记事栏注明“因××线路中断，变更到站”。

⑧ 鲜活包裹在运输途中被阻时，卸车站应及时与发站联系，征求托运人的处理意见。若托运人要求返回发站或变更到站，按上述办法处理。托运人要求铁路处理时，卸车站应进行处理，将处理所得款款额填入“客运运价杂费收据”上交，在记事栏内注明情况，并编制客运记录、写明情况，附处理单据寄送发站，处理所得款由处理站所属铁路局集团公司收入部门汇付发站所属铁路局集团公司收入部门。发站凭记录和单据填写“退款证明书”，退还已收运费与发站至处理站间运费差额和物品处理所得款。记录、处理单据及收回的包裹票随“退款证明书”报告页上报。

小贴士

铁路客运记录简称客运记录，是指在旅客或行李、包裹运输过程中，因特殊情况，承运人与旅客、托运人、收货人之间需记载某种事项，或车站与列车之间办理业务交接的文字凭证。

案例分析

××××年××月 8 日，南同蒲铁路线路因水害中断，部分列车停运。7 日，张某从石家庄托运 5 箱韭菜（共重 300 千克）到临汾，包裹票号×××。该包裹在太原站被阻，太原站与石家庄站联系，征求托运人的意见，托运人同意在太原站处理。太原站应如何处理？

案例解析：太原站应将物品（5 箱韭菜）予以处理，将处理所得款额填入“客运运价杂费收据”上交，并编制客运记录，附处理单据寄送发站。

图 2-2 所示为客运记录填写式样。

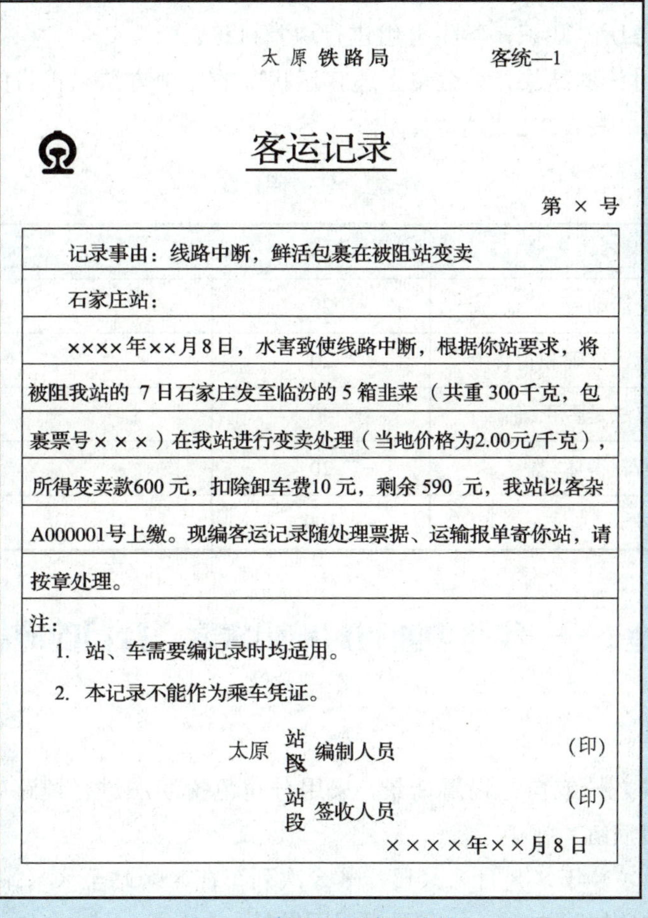

太 原 铁路局　　　　客统—1

客运记录

第 × 号

记录事由：线路中断，鲜活包裹在被阻站变卖

石家庄站：

××××年××月8日，水害致使线路中断，根据你站要求，将被阻我站的 7 日石家庄发至临汾的 5 箱韭菜（共重 300千克，包裹票号×××）在我站进行变卖处理（当地价格为2.00元/千克），所得变卖款600 元，扣除卸车费10 元，剩余 590 元，我站以客杂A000001号上缴。现编客运记录随处理票据、运输报单寄你站，请按章处理。

注：
1. 站、车需要编记录时均适用。
2. 本记录不能作为乘车凭证。

太原 站段 编制人员　　　　(印)

站段 签收人员　　　　(印)

××××年××月8日

图 2-2　客运记录填写式样

⑨ 组织行李、包裹绕道运输时，应在行李、包裹记事栏注明“线路中断，绕道运输，被阻×日”并加盖站名戳，原车绕道时加盖列车行李员名章，到站根据实际运输里程加上被阻日数计算运到期限。

⑩ 线路中断后，经铁路局集团公司批准，承运包裹按实际经路计算运费。

任务实施1——处理鲜活包裹在运输途中被阻的客运状况

1. 任务描述

××××年5月25日，天津水产公司自天津站托运5件冻带鱼（共重125千克）到海拉尔站，收货人为海拉尔水产局赵林，票号×××。该批包裹随当日××次列车运输到通辽站时，因前方水害导致线路中断，该次列车被阻于通辽站，通辽站与天津站联系，托运人要求在通辽站变卖（当地价格为6.0元/千克）。通辽站、天津站如何处理？

2. 任务流程

① 利用本任务所学知识，学生分组进行课堂讨论。

② 根据课堂讨论的结果，小组将上述客运状况的处理方法以报告的形式提交给老师。老师根据完成情况，按表2-2为学生评分。

表2-2　任务评分表

评价内容	满分	评分	备注
是否积极参与讨论活动	20		
课堂表达是否清晰、准确和得体	20		
客运状况的处理方法是否正确	40		
书面表达是否清晰、得体	20		
总分	100		

任务实施2——线路中断时对被阻旅客、行包的应急处理模拟演练

1. 任务描述

选择下列情景之一或自行设置情景，采用分角色扮演法进行线路中断时对被阻旅客、行包应急处理模拟演练。

情景一：××××年××月××日，××次列车在××站至××站之间运行时，由于发生地质灾害，导致线路中断，旅客要求返回发站。

情景二：××××年××月××日，旅客王某从北京站托运2件仪器（共重48千克）至杭州站，票号×××，于当日北京西至杭州东的××次列车装运后发出。三日后，旅客到北京站要求取消托运。

2. 任务目标

① 掌握线路中断时对被阻旅客、行包的应急处理方法。

② 培养和提高学生在线路中断时对被阻旅客、行包的应急处理能力。

3. 任务流程

① 将全班学生分成若干组，每组 3～5 人。

② 每组根据所给情景或自行设置情景，编写演练脚本，并据此反复进行预演，逐步完善，同时将小组名称、演练过程等填入表 2-3 中。

③ 各小组分别进行汇报演练。

④ 汇报演练结束后，各小组互评，教师对各小组的汇报演练进行点评，指出演练中存在的问题。教师可按表 2-3 给各小组评分。

表 2-3　线路中断时对被阻旅客、行包应急处理模拟演练表

小组名称		
演练过程		
演练评分	是否积极参与（20 分）	
	整体组织指挥是否协调（20 分）	
	岗位分工是否明确（20 分）	
	内容是否准确、完整（20 分）	
	表达是否流畅、清晰和得体（20 分）	
	总分（100 分）	
存在的问题		

任务 2.3 动车组设备异常安全管理与应急处理

引导案例——列车空调故障引发旅客不满

一列由石家庄站开往北京西站的××次列车于 21 时 14 分准时开出。当列车行至距离保定站还有 20 千米的路段时，车厢内的空调突然停止运转。由于正值炎炎夏日，因此密闭的车厢内温度迅速升高。随后乘务员通知旅客，由于列车空调发生故障、不能制冷，因此在保定站停车后，1～8 号车厢的所有旅客均需转移到 9～16 号车厢。

有旅客担心转到别的车厢后会没有座位，但乘务员答复肯定让每个人都有座位。因此，列车一到保定站，1～8 号车厢的旅客就下车赶往了 9～16 号车厢，结果发现车厢里并未虚席以待，而是已经满员。蜂拥而入的旅客立刻塞满了车厢，而此时列车方面已经不允许旅客再回到原车厢。其中，9 号车厢的人最多，空调也没有正常开启，部分旅客出现恶心、头晕等症状。在保定站停留的半个小时里，列车长始终未在 9 号车厢出现，也没有乘务员向旅客表示歉意，引起了旅客的强烈不满。

思考：列车工作人员的做法是否有不妥之处？如果有不妥之处，列车工作人员应该如何正确处理？

（资料来源：https://jz.docin.com/p-548507793.html）

知识储备

动车组列车的常见设备异常情况有列车故障、空调失效、列车断电、车门故障等，下面分别介绍这几种异常情况的安全管理与应急处理。

2.3.1 动车组列车故障需启用热备动车组列车安全管理与应急处理

若正在运行的动车组列车发生故障，则可能出现中途停止或晚点的情况，这不仅会直接影响铁路客运的正常运行，还会引发旅客产生不满情绪或导致其他安全事故，此时需要启用热备动车组列车进行救援或者接续晚点列车、承担运行图任务。

知识加油站

随时准备出发的“百变”列车

在南来北往高速飞驰的动车大军中，有这样一种动车，它或许很久都不会出发，但可以随时准备出发。这种没有固定的车次却能根据情况变换成任何车次的动车组列车，常被称为热备车。

热备车每天都会先于最早一班载客动车进入运作状态，直到最后一班载客动车安全回到终点才撤回。在此期间，热备车及全体乘务员始终保持“三不离”，即“车不离线、人不离车、（对讲）机不离身”。

1. 动车组列车故障需启用热备动车组列车的预防控制

为了避免出现动车组列车故障需启用热备动车组列车的情况，铁路相关部门应定期对列车进行检查和维护。

2. 动车组列车故障需启用热备动车组列车的应急处理

动车组列车故障需启用热备动车组列车时，铁路相关工作人员应立即进行应急处理，其流程如图 2-3 所示。

图 2-3　动车组列车故障需启用热备动车组列车的应急处理流程

① 转乘准备。接到列车调度员或上级部门转乘命令后，列车长要第一时间确认转乘车站、转乘站台、转乘时间、运行路线等，并立即组织转乘准备。

② 组织分工。列车长立即向列车工作人员通报故障情况，进行工作分工，并按分工做好广播宣传、车内引导、安全防护等工作，对重点旅客进行重点照顾，严禁持其他车次车票的旅客上车。

小贴士

重点旅客是指老、幼、病、残、孕旅客。

③ 组织转乘。由救援车（即热备动车组列车）司机和列车长负责对准故障车车门。救援车停稳后，救援车列车长与故障车列车长联系确认后，组织乘务员手动打开指定车厢车门（随车机械师配合），放置好渡板，会同公安、客运等应急人员共同做好防护、组织旅客有序转乘。

小贴士

a. 对由于线路、动车组重联等无法实现各车厢车门对位时，应使用应急梯。

b. 列车停靠指定位置前，严禁开启车门。

c. 设置 2 个及以下应急梯或渡板时，救援车列车长负责组织放置；设置 2 个以上应急梯或渡板时，救援车列车长负责组织放置 2 个，故障车列车长负责组织放置其他应急梯或渡板。

d. 旅客转乘过程中，禁止移动列车。

启用热备动车组列车应急处理

④ 检查确认。旅客转乘完毕后，故障车列车长组织乘务员对全列进行检查确认后，通知救援车列车长转乘完毕。救援车工作人员将应急梯或渡板收好、定位存放，列车长确认所有工作人员及旅客均已上车后，关闭车门并报告救援车司机具备开车条件。故障车乘务员将应急梯或渡板收好、定位存放，关闭车门并报告被救援车司机。

⑤ 及时汇报。列车长及时将转乘情况向段调度室汇报。

小贴士

在隧道内转乘需开启隧道应急照明时，列车长通过司机向列车调度员提出开启隧道应急照明请求，列车调度员通知相关工务段开启隧道内的应急照明装置，以便做好旅客引导工作。

2.3.2 动车组列车空调失效安全管理与应急处理

动车组列车在运行过程中，其空调会因列车空调装置本身损坏或接触网故障断电等，不能正常工作。由于车厢是封闭的空间，空调失效会造成车厢内空气不流通、出现异味、温度过低或过高等状况，引起旅客身体不适，严重时还可能引发旅客不满或导致其他安全事故，影响旅客出行质量。

1. 动车组列车空调失效的预防控制

为了避免发生动车组列车空调失效，铁路相关部门应定期对动车组列车空调或接触网进行检查和维护。

2. 动车组列车空调失效的应急处理

动车组列车空调失效的应急处理可分为动

车组列车正常运行时的应急处理和动车组列车非正常运行时的应急处理两种情况。

1）动车组列车正常运行时的应急处理

当动车组列车正常运行过程中发生空调失效时，铁路相关工作人员应立即进行应急处理，其流程如图 2-4 所示。

了解情况 → 宣传解释 → 加强巡视 → 停站安网 → 安排值守

图 2-4　动车组列车正常运行时发生空调失效的应急处理流程

① 了解情况。当动车组列车发生空调失效时，列车长要立即通知随车机械师到现场处理，了解情况并及时报告。

② 宣传解释。列车长向全体工作人员传达空调失效原因，通过广播向旅客说明情况并致歉，组织乘务员到车厢做好解释、服务工作。

③ 加强巡视。乘务员要加强车内巡视，并做好旅客解释和安抚工作，防止矛盾激化，切实满足旅客需求，做好餐饮、供水等服务保障工作，确保旅客情绪稳定。

动车组空调失效应急处理

④ 停站安网。若空调失效超过 20 分钟，则列车长可视情况通知司机，司机向列车调度员提出在前方最近客运站停车的请求。列车调度员安排列车在前方最近客运站停车，列车长指定人员在停车站安装好车门防护网。

知识加油站

防护网

防护网是供列车在非正常情况下需要开启车门时起防护作用的工具。安装防护网、打开车门应由列车长组织乘务员进行，司机、随车机械师配合。防护网的安装位置在运行方向左侧车门处。防护网安装完毕、车门打开后，由列车长组织工作人员值守。列车长确认防护网安装牢固、看护到位后报告司机。

故障排除后，列车长应及时通知随车机械师关闭车门，组织工作人员拆除防护网，并将防护网交随车机械师，由随车机械师存放在规定位置。

⑤ 安排值守。列车调度员根据司机的报告，向司机（救援时还包括救援司机）及沿途各站发布打开车门、限速运行的调度命令。列车长组织列车工作人员在距车门 1 m 的合适位置值守，值守时要面向车内、站稳抓牢，掌握车内动态，阻止旅客靠近，直到车门关闭。

畅所欲言

假如你是一名动车组乘务员，列车在运行途中发生空调失效，旅客抱怨车厢闷热，你该如何处置？如果有旅客情绪激动，想要用紧急破窗锤砸玻璃，你该如何处置？

2）动车组列车非正常运行时的应急处理

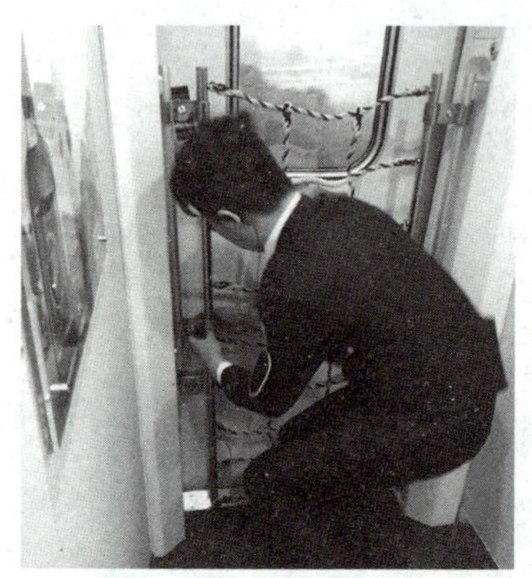

当动车组列车非正常运行过程中发生空调失效时，铁路相关工作人员应立即进行应急处理，具体如下。

① 安网开门。动车组列车空调失效，且列车不能维持运行时，列车长应及时与司机、随车机械师沟通，视情况做出打开车门的决定，并通知司机转报列车调度员，同时指定专人在列车运行方向左侧车门处安装防护网。打开车门的具体数量、位置由列车长根据工作人员的配置情况确定。

② 组织转乘。需要组织旅客下车或转乘其他列车时，应在车站站台进行。必须在站内不邻靠站台的线路或区间组织旅客下车或转乘时，须经铁路局主管运输副局长（总调度长）批准。

③ 到站退差。列车长编制客运记录，到站按规定退还票价差额。

2.3.3 动车组列车断电安全管理与应急处理

电压不稳、雷击或其他错误操作都可能导致动车组列车断电，影响车厢秩序，易于发生旅客受伤、旅客携带品丢失、旅客擅自打开车门下车或其他意外事故。

1. 动车组列车断电的预防控制

为了避免出现动车组列车断电的情况，铁路相关部门应定期对列车电源和电路进行检查和维护。

2. 动车组列车断电的应急处理

当动车组列车断电时，铁路相关工作人员应立即进行应急处理，具体如下。

① 紧急处置。发现列车停电时，乘务员应第一时间用对讲机通知列车长，列车长通知随车机械师启动应急照明。随车机械师迅速查找原因、修复故障、恢复供电。

② 现场处置。列车长、乘警赶赴现场，对重点旅客重点照顾，各工作人员按照车厢分工维持好车内秩序，稳定旅客情绪，做好安全宣传，禁止使用明火照明，以免发生火险。列车工作人员负责车厢内的服务，随时观察车厢动态，遇到情况立即向列车长汇报。

③ 及时汇报。列车长应及时将处理情况向段调度室进行汇报。

课堂小剧场

假如你是一名动车组乘务员，列车在运行途中突然停电，车厢内一片漆黑，此时有旅客用打火机照明，你该如何进行劝阻？请进行现场模拟。

2.3.4　动车组列车车门故障安全管理与应急处理

操作不当、门控器排线松动、车门反复开关等都可能导致车门出现故障而无法正常开关，旅客无法正常上下车，旅客乘车质量受到影响。

1. 动车组列车车门故障的预防控制

为了避免出现动车组列车车门故障的情况，铁路相关部门应定期对动车组列车车门进行检查和维护。

2. 动车组列车车门故障的应急处理

动车组列车车门故障的应急处理可分为动车组列车发车前车门故障的应急处理、动车组列车运行途中车门故障的应急处理、动车组列车到站后车门故障的应急处理三种情况。

1）动车组列车发车前车门故障的应急处理

当动车组列车发车前发生车门故障时，列车长应立即通知司机和随车机械师，随车机械师到现场进行处理，乘务员做好安全防护工作。

2）动车组列车运行途中车门故障的应急处理

当动车组列车运行途中发生车门故障时，铁路相关工作人员应立即进行应急处理，具体如下。

① 立即报告。动车组列车运行过程中，列车工作人员接到旅客报告或发现车门出现故障后，应立即前往故障车门处进行看守，采取安全防护措施，并报告列车长。

② 现场处理。列车长立即通知司机、随车机械师，并与随车机械师赶赴现场处理。

③ 加强防护。当随车机械师确认故障车门不能及时修复时，列车长应立即组织工作人员设置警示带，必要时加装防护网，并报告司机及列车调度员。列车调度员通知前方停车站避开故障车门，做好旅客乘降准备工作。同时，列车长应在列车到站前提前组织故障车门所在车厢的旅客到邻近车厢准备下车。

3）动车组列车到站后车门故障的应急处理

当动车组列车到站后发生车门故障时，铁路相关工作人员应立即进行应急处理，具体如下。

① 立即处理。当列车车门因故障不能开启时，乘务员应立即报告列车长。列车长接到车门故障报告后，立即通知随车机械师到现场进行处理。

② 引导乘降。列车长组织乘务员采用手动开门的方式，组织旅客有序上下车，并通过广播告知旅客，提醒旅客带好物品，不要拥挤，以免发生意外。旅客全部乘降完毕后，乘务员手动关闭故障车门，并向列车长报告。列车长、随车机械师确认车门关闭后，通知司机。

救援列车班组：千锤百炼只为救援而生

中国铁路青藏集团有限公司格尔木机务段沱沱河救援列车班组驻守在海拔 4 547 米的沱沱河畔，担负着青藏铁路多年冻土区段的应急救援任务。沱沱河畔是目前我国铁路乃至世界铁路海拔最高、自然环境最为恶劣的救援列车驻守点之一。

救援列车班组是一支平时几乎不露面的队伍，然而一旦发生重大铁路事故，往往是第一时间冲锋陷阵的关键力量。当铁路发生事故，人民安全和国家财产受到损害时，最需要的是一支时刻整装待发、在危难时刻救人民于水火中的神秘队伍——救援列车班组。

救援列车班组没有规定的出动时间，却要天天准备，且还要练就过硬的本领。这些年来，铁路部门加强了安全管理，列车运行中发生的各类事故少了很多，救援列车班组可能一年都没有任务，但这并不意味着这支队伍缺乏应急救援的经验。救援列车班组经常进行突发的实战救援演练，甚至特地把时间选择烈日下或者暴雨天，以此模拟各种困难的救援环境。只有这样在各种复杂环境条件下真打实干地练，才能打造一支随时能圆满完成任务的队伍。

“我想永远都不出勤，永远都没有任务，因为每一次出门救援，都是建立在别人的痛苦之上。”这是所有救援人员的心声，但是这支队伍是为救援而生，在人民需要的时候，他们必将出现。

（资料来源：https://www.chnrailway.com/html/20200610/1913400.shtml）

任务实施1——动车组列车故障需启用热备动车组列车应急处理模拟演练

1. 任务描述

根据下列情景或自行设置情景，采用分角色扮演法进行动车组列车故障需启用热备动车组列车应急处理模拟演练。

情景：××××年××月××日，××次列车在××站和××站之间运行，由于设备故障无法排除，需要启用热备动车组列车。

2. 任务目标

① 掌握动车组列车故障需启用热备动车组列车的应急处理方法。

② 培养和提高学生对动车组列车故障需启用热备动车组列车的应急处理能力。

3. 任务准备

① 场地：应急处理模拟演练实训场地。

② 角色：乘务员若干，旅客若干，列车调度员1名，列车长2名（故障车列车长和救援车列车长各1名，下同），随车机械师2名，司机2名，餐服员2名。

③ 道具：对讲机若干，应急梯4组，安全绳8根。

4. 任务流程

① 将全班学生分成若干组，每组14～16人。

② 每组根据所给情景或自行设置情景，编写演练脚本，并据此反复进行预演，逐步完善，同时将小组名称、演练过程等填入表2-4中。

③ 各小组分别进行汇报演练。

④ 汇报演练结束后，各小组互评，教师对各小组的汇报演练进行点评，指出演练中存在的问题。教师可按表2-4给各小组评分。

表2-4 动车组列车故障需启用热备动车组列车应急处理模拟演练表

小组名称	
演练过程	

（续表）

演练评分	是否积极参与（20 分）	
	整体组织指挥是否协调（20 分）	
	岗位分工是否明确（20 分）	
	内容是否准确、完整（20 分）	
	表达是否流畅、清晰和得体（20 分）	
	总分（100 分）	
存在的问题		

5. 演练脚本

设备故障需启用热备动车组列车的演练脚本示例如下。

（××××年××月××日，××次列车从××站开往××北站期间，由于设备故障无法排除，需要启用热备动车组列车。）

列车长：“××次司机，什么原因停车？”

司机：“列车设备故障，临时停车。”

列车长：“收到。”

司机：“××次列车长，由于故障无法排除，列车调度员通知做好区间转乘准备工作，等待救援。”

列车长：“收到。”

（列车长利用广播通知旅客准备转乘，组织乘务员加强巡视，做好转乘准备工作。）

列车长：“女士们、先生们，本次列车因设备故障不能继续运行，需转乘邻线列车，请准备好您的物品，在座位上等候转乘，感谢您的理解和配合。”

列车长：“1～4 车乘务员和 5～8 车乘务员到 5 车取出 2 组应急梯及 4 根安全绳，运送至 3 车和 7 车的 1 位门组装、待命；9～12 车乘务员和 13～16 车乘务员到 13 车取出 2 组应急梯及 4 根安全绳运送至 11 车和 15 车的 1 位门组装、待命。组装完毕后，由 5～8 车乘务员、13～16 车乘务员以及 2 名餐服员分别负责看守应急梯和安全绳，1～4 车乘务员统计 1～8 车车内人数和重点旅客情况，9～12 车乘务员统计 9～16 车车内人数和重点旅客情况。”

1～4 车乘务员：“1～4 车乘务员明白。”

5～8 车乘务员：“5～8 车乘务员明白。”

9～12 车乘务员："9～12 车乘务员明白。"

13～16 车乘务员："13～16 车乘务员明白。"

餐服员："餐服员收到。"

（乘务员统计完车内人数和重点旅客情况后向列车长汇报。）

1～4 车乘务员："报告列车长，1～8 车共有旅客 601 人，无重点旅客。"

9～12 车乘务员："报告列车长，9～16 车共有旅客 568 人，无重点旅客。"

（列车长将统计情况向列车调度员报告。）

列车长："列车调度员，9 时 20 分××次列车因设备故障无法修复、运行，接到通知要在区间转乘，列车已经做好转乘准备工作，车内共有旅客 1 169 人，无重点旅客，列车正在等待救援。"

列车调度员："收到。"

（救援车到达相邻线路前，故障车列车长通知救援车列车长旅客转乘的车门位置。）

故障车列车长："救援车列车长，已将 4 组救援梯分别放在 3 车和 7 车的 1 位门、11 车和 15 车的 1 位门，请组织人员做好开门架梯转乘准备工作。"

救援车列车长："收到。"

（救援车到达后，司机操作列车对位。故障车列车长和救援车列车长确认列车停稳后，通知乘务员组织旅客转乘。转乘完毕后，乘务员向列车长报告转乘情况。）

故障车乘务员："报告列车长，1～16 车转乘旅客共计 1 169 人。"

故障车列车长："救援车列车长，故障列车转乘旅客共计 1 169 人，无旅客遗失品，请确认。"

救援车列车长："收到。"

…………

 任务实施 2——动车组列车空调失效应急处理模拟演练

1. 任务描述

根据下列情景或自行设置情景，采用分角色扮演法进行动车组列车空调失效应急处理模拟演练。

情景：××××年××月××日，××次列车在××站和××站之间运行，××点××分列车长在巡视过程中，发现全列空调故障，车厢内温度已达 30℃。

2. 任务目标

① 掌握动车组列车空调失效的应急处理方法。

② 培养和提高学生对动车组列车空调失效的应急处理能力。

3. 任务准备

① 场地：应急处理模拟演练实训场地。

② 角色：乘务员若干，列车长 1 名，随车机械师 1 名，司机 1 名，列车调度员 1 名，餐服员若干，保洁员若干。

③ 道具：对讲机若干，防护网若干。

4. 任务流程

① 将全班学生分成若干组，每组 14～16 人。

② 每组根据所给情景或自行设置情景，编写演练脚本，并据此反复进行预演，逐步完善，同时将小组名称、演练过程等填入表 2-5 中。

③ 各小组分别进行汇报演练。

④ 汇报演练结束后，各小组互评，教师对各小组的汇报演练进行点评，指出演练中存在的问题。教师可按表 2-5 给各小组评分。

表 2-5 动车组列车空调失效应急处理模拟演练表

<table>
<tr><td>小组名称</td><td colspan="2"></td></tr>
<tr><td>演练过程</td><td colspan="2"></td></tr>
<tr><td rowspan="6">演练评分</td><td>是否积极参与（20 分）</td><td></td></tr>
<tr><td>整体组织指挥是否协调（20 分）</td><td></td></tr>
<tr><td>岗位分工是否明确（20 分）</td><td></td></tr>
<tr><td>内容是否准确、完整（20 分）</td><td></td></tr>
<tr><td>表达是否流畅、清晰和得体（20 分）</td><td></td></tr>
<tr><td>总分（100 分）</td><td></td></tr>
<tr><td>存在的问题</td><td colspan="2"></td></tr>
</table>

5. 演练脚本

动车组列车空调失效的演练脚本示例如下。

（××××年××月××日，××次列车在××站和××站之间运行，21 点 20 分列车长在巡视中，发现全列空调发生故障，车厢内温度已达 30℃。列车长立即通知随车机械师和乘务员。）

列车长：“××次随车机械师，现全列空调发生故障，车内温度已达 30℃，请立即进行处理。”

随车机械师：“收到。”

列车长：“全体乘务员注意，现全列空调发生故障，随车机械师正在修复，请加强车内巡视，做好解释工作，安抚旅客情绪，进行全列拖地降温。”

乘务员：“收到。”

（列车长通过广播向旅客致歉。）

列车长：“各位旅客，现全列空调发生故障，工作人员正在组织抢修，给您带来不便，向您表示诚挚的歉意，感谢您的理解和配合。”

随车机械师：“××次列车长，空调故障无法排除。”

列车长：“明白。”

列车长：“××次司机，列车于 21 点 20 分在××站和××站之间运行时，全列空调发生故障，随车机械师确认故障无法排除，车内温度已达 30℃，请求在前方客运站停车、安装防护网。”

司机：“明白。”

司机：“列车调度员，我是××次司机，列车于 21 点 20 分在××站和××站之间运行时，全列空调发生故障，随车机械师确认故障无法排除，车内温度已达 30℃，请求在前方客运站停车、安装防护网。”

列车调度员：“同意。”

司机：“××次列车长，列车调度员已同意在前方客运站停车、安装车门防护网，请做好准备工作。”

司机：“明白。”

（列车调度员安排列车在前方最近客运站停车，列车长指定人员在停车站安装好车门防护网。）

列车长：“列车将在前方客运站停车、安装防护网，1～8 车乘务员、9～16 车乘务员分别到 2 车和 7 车、10 车和 15 车备品柜内取出防护网并逐车发放。下面是具体车门分工，1～4 车乘务员负责 1 车车门，5～8 车乘务员负责 5 车运行方向前部车门，9～12 车乘务员负责 9 车运行方向前部车门，13～16 车乘务员负责 13 车运行方向前部车门，餐服员负责 2 车、3 车、4 车、10 车、11 车、12 车运行方向前部车门，保洁员负责 6 车、7 车、8 车、

14 车、15 车、16 车运行方向前部车门，防护网安装在非会车一侧。”

1～4 车乘务员：“1～4 车乘务员收到。”

5～8 车乘务员：“5～8 车乘务员收到。”

9～12 车乘务员：“9～12 车乘务员收到。”

13～16 车乘务员：“13～16 车乘务员收到。”

餐服员：“餐服员收到。”

保洁员：“保洁员收到。”

列车长：“各位旅客，因空调故障暂时无法排除，列车将在前方客运站停车、安装防护网，请您回到自己的座位，不要靠近车门，谢谢您的配合。”

…………

任务实施 3——动车组列车断电应急处理模拟演练

1. 任务描述

根据下列情景或自行设置情景，采用分角色扮演法进行动车组列车断电的应急处理模拟演练。

情景：××××年××月××日××时××分，××次列车在运行过程中突然断电，车厢内一片漆黑，有旅客使用明火照明。

2. 任务目标

① 掌握动车组列车断电的应急处理方法。

② 培养和提高学生对动车组列车断电的应急处理能力。

3. 任务准备

① 场地：应急处理模拟演练实训场地。

② 角色：乘务员若干，列车长 1 名，随车机械师 1 名，旅客 1 名。

③ 道具：对讲机若干。

4. 任务流程

① 将全班学生分成若干组，每组 8～10 人。

② 每组根据所给情景或自行设置情景，编写演练脚本，并据此反复进行预演，逐步完善，同时将小组名称、演练过程等填入表 2-6 中。

③ 各小组分别进行汇报演练。

④ 汇报演练结束后，各小组互评，教师对各小组的汇报演练进行点评，指出演练中存在的问题。教师可按表 2-6 给各小组评分。

表 2-6　动车组列车断电应急处理模拟演练表

<table>
<tr><td>小组名称</td><td colspan="2"></td></tr>
<tr><td>演练过程</td><td colspan="2"></td></tr>
<tr><td rowspan="6">演练评分</td><td>是否积极参与（20 分）</td><td></td></tr>
<tr><td>整体组织指挥是否协调（20 分）</td><td></td></tr>
<tr><td>岗位分工是否明确（20 分）</td><td></td></tr>
<tr><td>内容是否准确、完整（20 分）</td><td></td></tr>
<tr><td>表达是否流畅、清晰和得体（20 分）</td><td></td></tr>
<tr><td>总分（100 分）</td><td></td></tr>
<tr><td>存在的问题</td><td colspan="2"></td></tr>
</table>

5. 演练脚本

动车组列车断电的演练脚本示例如下。

（××××年××月××日 20 时 20 分，××次列车在运行过程中突然断电，车厢内一片漆黑。）

乘务员：“报告列车长，列车于 20 时 20 分突然断电。”

列车长：“明白。”

列车长：“××次随车机械师，列车突然断电，请立即启动应急照明，并查找原因修复故障、恢复供电。”

随车机械师：“收到。”

列车长：“全体列车工作人员请注意，列车于 20 时 20 分突然断电，请维持好车内秩序，稳定旅客情绪，做好安全宣传工作。”

乘务员：“收到。”

（列车长通过广播向旅客致歉。）

列车长：“女士们、先生们，本次列车因设备故障停电，工作人员正在努力修复，请不要随意走动，看管好您的物品，感谢您的理解和配合。”

（此时，8 车乘务员发现有旅客使用打火机照明，立即进行制止。）

8 车乘务员：“先生，您好，请将打火机熄灭，列车禁止使用明火照明，以免引发火灾。”

旅客：“好的。”

随车机械师：“××次列车长，列车故障已排除，已恢复供电。”

列车长：“收到。”

（列车长及时将处理情况向段调度室进行了汇报。）

…………

任务实施 4——动车组列车车门故障应急处理模拟演练

1. 任务描述

根据下列情景或自行设置情景，采用分角色扮演法进行列车运行途中车门故障和开车前或到站后车门故障的应急处理模拟演练。

情景一：××××年××月××日，××次列车在××站和××站之间运行时，3～4 车乘务员发现 3 车 2 位车门关闭不严。

情景二：××××年××月××日，××次列车到达××站后，列车长确认旅客乘降完毕后通知司机关门，车门关闭时，乘务员发现 1 车车门故障无法关闭。

2. 任务目标

① 掌握动车组列车车门故障的应急处理方法。

② 培养和提高学生对动车组列车车门故障的应急处理能力。

3. 任务准备

① 场地：应急处理模拟演练实训场地。

② 角色：乘务员若干，列车长 1 名，随车机械师 1 名，司机 1 名。

③ 道具：对讲机若干。

4. 任务流程

① 将全班学生分成若干组，每组 8～10 人。

② 每组根据所给情景或自行设置情景，编写演练脚本，并据此反复进行预演，逐步完善，同时将小组名称、演练过程等填入表 2-7 中。

③ 各小组分别进行汇报演练。

④ 汇报演练结束后，各小组互评，教师对各小组的汇报演练进行点评，指出演练中存在的问题。教师可按表 2-7 给各小组评分。

表 2-7　动车组列车车门故障应急处理模拟演练表

小组名称		
演练过程		
演练评分	是否积极参与（20 分）	
	整体组织指挥是否协调（20 分）	
	岗位分工是否明确（20 分）	
	内容是否准确、完整（20 分）	
	表达是否流畅、清晰和得体（20 分）	
	总分（100 分）	
存在的问题		

5. 演练脚本

动车组列车运行途中车门故障的演练脚本示例如下。

（××××年××月××日，××次列车从××站开往××站时，3～4 车乘务员发现 3 车 2 位车门关闭不严，于是立即通知列车长。）

3～4 车乘务员："报告列车长，列车运行右侧 3 车 2 位车门未关严，敞口约 7 厘米。"

列车长："收到。"

（列车长通知随车机械师到现场处理。）

列车长："××次随车机械师，列车运行右侧 3 车 2 位车门未关严，敞口约 7 厘米，请到现场处理。"

随车机械师："收到。"

随车机械师："××次司机，列车运行右侧 3 车 2 位车门故障无法排除，请向列车调度员请求限速运行至前方客运站处理。"

司机："明白。"

（司机请示列车调度员，经其同意后，通知随车机械师。）

司机："列车调度员，我是××次司机，列车运行右侧 3 车 2 位车门故障无法排除，请求限速运行至前方客运站处理。”

列车调度员：“同意。”

司机：“××次随车机械师，经列车调度员批准，同意列车限速运行至前方客运站进行停车处理。”

随车机械师：“收到。”

随车机械师：“××次列车长，经列车调度员批准，列车将限速运行至前方客运站停车处理，请组织乘务员做好防护。”

列车长：“收到。”

列车长：“3～4 车乘务员注意，请在列车运行方向右侧 3 车 2 位车门处设置警示带、加装防护网，做好防护工作，列车将限速运行至前方客运站停车处理。”

3～4 车乘务员：“收到。”

（列车到达前方客运站停车，对故障车门进行处理。）

…………

任务 2.4 列车发生火灾事件安全管理与应急处理

引导案例——列车火灾导致车体烧穿报废

某日，由青岛开往杭州的××次列车运行至安徽定远站时，其中一节车厢突然冒烟，一时之间浓烟滚滚，火舌冲天，如图 2-5 所示。铁路相关部门立即启动应急预案，组织旅客疏散，当地消防人员也赶到现场扑救火情。

此次事故没有造成人员伤亡，但导致事发车体烧毁，直接经济损失约为 2 000 万元，此外还导致京沪高铁线上多趟列车停运。经调查发现，此次事故是由电气设备故障引发的。

图 2-5　列车火灾事故现场

思考：列车发生火灾往往会造成巨大损失，铁路相关部门应加强防控，如加强电气设备的检查与维修。但是，当火灾事故发生时，若你是列车工作人员，为了尽可能降低事故损失，你应该如何应对？

（资料来源：http://news.bitauto.com/appzhuanzai/20180125/1507212693.html）

知识储备

设备故障、自然灾害、人为原因等都可能会导致列车发生火灾甚至爆炸，不仅会给铁路运输安全造成巨大威胁，还会使线路损毁、行车中断，严重影响铁路正常运输秩序。

2.4.1　列车发生火灾事件的预防控制

为了避免列车发生火灾事件，铁路相关部门应采取有效的预防控制措施，具体如下。

① 加强乘务员和旅客的消防安全教育，如通过广播或张贴布告声明禁止旅客携带易燃品进站上车。

② 加强火灾监控，注意各车厢烟感器、热感器等监控设备的运转是否正常。

③ 加强设施设备的检查与维修。

④ 保持车厢卫生，注意防鼠防虫，定时定点巡查，防止电线被咬断，引发漏电起火。

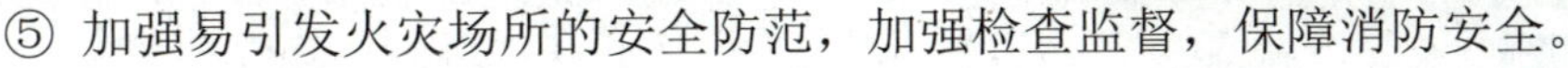

⑤ 加强易引发火灾场所的安全防范，加强检查监督，保障消防安全。

2.4.2　列车发生火灾事件的应急处理

列车发生火灾事件的应急处理可分为发生初起火情时的应急处理和火情不能立即扑灭甚至发生爆炸时的应急处理两种情况。

1. 发生初起火情时的应急处理

列车上发生初起火情时，应立即采取措施进行扑救，以防火势蔓延，将火灾扼杀在初期阶段，具体应急处理流程如图 2-6 所示。

图 2-6　发生初起火情时的应急处理流程

① 初起扑救。当乘务员发现初起火情时应因地制宜采取脚踏、灭火器灭火等方法进行扑救，同时报告列车长。列车长接到通知后，会同随车机械师、乘警到现场确认，根据现场实际情况进行处置。若发生电气设备起火，则应立即断电。

② 现场扑救。列车长指挥扑救，乘警、随车机械师、乘务员等列车工作人员积极配合，稳定旅客情绪。

③ 彻底排查。列车长组织乘警进行彻底排查，确认车上无火险火情后，列车长通知司机恢复供电。

④ 调查取证。列车长、乘警向目击旅客了解起火情况，取 3 份以上旅客证言。

⑤ 及时报告。列车长应及时向段调度室汇报情况，包括起火部位、起火时间、车体状况、旅客情况等。

2. 火情不能立即扑灭甚至发生爆炸时的应急处理

当火情不能立即扑灭甚至发生爆炸时，铁路相关工作人员应立即进行应急处理，其流程如图 2-7 所示。

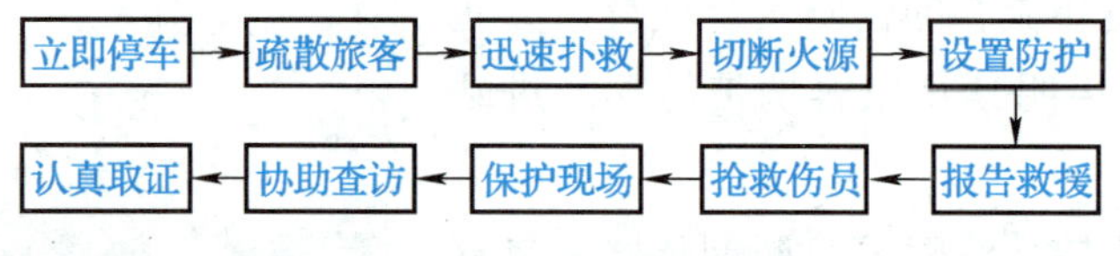

图 2-7　火情不能立即扑灭甚至发生爆炸时的应急处理流程

① 立即停车。列车工作人员应立即启动紧急停车装置，或按下火灾报警按钮，并迅速向列车长报告，同时列车长通知司机停车。停车后，司机应立即向列车调度员或车站值班员报告，并配合列车长、随车机械师、乘警进行疏散旅客、火灾扑救等工作。

停车时应避开桥梁、隧道和重要建筑物等，选择便于旅客疏散的地点。

② 疏散旅客。列车发生火灾时，乘务员应迅速组织起火车厢旅客向邻近车厢或地面安全地带疏散，稳定旅客情绪，同时要防止发生旅客跳车、趁火打劫等意外事件。发现情况的乘务员应迅速报告列车长和乘警，传递信息时应注意避免引起旅客恐慌，防止事态扩大。对于仍处在危险中的旅客，要优先抢救使其脱离险境。对于已经疏散的旅客，应严禁其返回事故车厢。

知识加油站

疏散旅客的注意事项

疏散旅客时应注意以下几点。

a. 列车长、司机、乘警及随车机械师应集体商定疏散方案，密切配合，有序实施。

b. 列车工作人员应迅速做好防护，做到前有带队、中有护队、尾有压队，组织旅客有序下车，并将其引导至安全地带。

c. 当起火车厢的旅客疏散完毕后，应迅速关闭起火车厢两端的防火隔断门，确保车厢处于密闭状态，以免大量空气进入，加速火势蔓延。

d. 在桥梁、隧道停车时，列车工作人员应确认邻线区间封闭后，利用桥梁、隧道的通道，做好旅客疏散和安全防护工作。若列车停在长大隧道内，列车长应在照明设施开启后，指挥列车工作人员组织疏散。

e. 救援车列车长应组织列车工作人员，参与到事故车的救援工作中。

f. 紧急情况下可使用紧急破窗锤击破紧急逃生窗，组织旅客紧急逃生，但应做好防护工作，防止旅客因盲目跳车而发生意外。

③ 迅速扑救。列车长、乘警接到报告后，应立即赶赴现场，迅速判明原因，本着“先人员、后财产”的原则，统一指挥扑救。

④ 切断火源。停车后，需要将起火车辆与列车分离时，司机、运转车长、车辆乘务员应迅速将其分离，切断火源，防止蔓延。

⑤ 设置防护。对甩下的车辆，由车站值班员（在区间由司机、运转车长和车辆乘务员）负责采取防护措施。如果事故影响临线行车或暂时不能恢复行车需要在本列车后方设置防护时，列车长应当对司机、运转车长的要求予以配合，以防扩大事故损失和影响。

⑥ 报告救援。列车长和乘警应立即向上级机关和行车调度报告事故情况，请求救援。站长（在区间为列车长）应当尽快向事故发生地铁路局集团公司列车和客运调度报告情况。报告内容主要包括火灾发生的时间、地点、车次，牵引辆数，起火车辆所处位置，起火部位，起火物，人员伤亡，车辆线路损坏情况，灭火救援情况，是否需要救援等。铁路局集团公司

应当根据事故等级及时向上级和地方政府报告。

⑦ 抢救伤员。在疏散旅客、迅速扑救火灾的同时，应立即抢救被火围困或受伤人员。当发现有人受伤时，应将伤者转移到安全场所，及时拨打 120 急救电话请求救护，并根据具体情况由红十字救护员或旅客中的医务工作者对受伤人员开展紧急救护，采取止血、包扎、简易固定等现场初期救护措施。

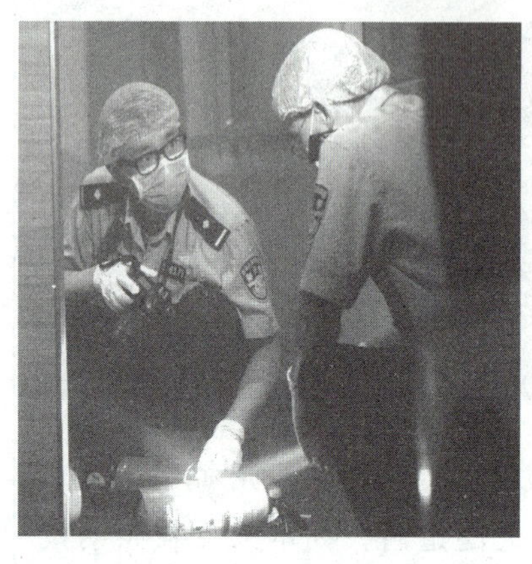

⑧ 保护现场。在扑救火灾过程中，乘警应注意保护现场，视情况设置警戒区，禁止实施救援以外的人员进入现场。未经公安机关消防机构同意，不得擅自清理火灾现场。乘务员要配合乘警，共同维护秩序，保护现场，稳定旅客情绪，以免发生混乱。

⑨ 协助查访。乘务员要积极配合公安机关了解情况，提供线索，协助调查；同时，要认真清点疏散旅客和伤员人数，确认伤员受伤程度，登记旅客姓名、性别、年龄、单位、地址、车票、身份证号码、其他证件及随身携带物品等信息。

动车组列车发生火灾事故应急处理

列车在长大隧道发生火灾应急处理

⑩ 认真取证。乘警应及时开展调查取证，及时发现并控制肇事者，妥善保管物证，为现场勘察、认定火灾原因创造有利条件。

对事故现场和有关证据材料，要采取有效措施妥善保护。除救护伤员、开通列车等需要外，不得擅自移动现场任何物品。必须移动现场物品时，应当绘制原现场草图或拍摄照片。

任务实施——列车在长大隧道发生火灾应急处理模拟演练

1. 任务描述

根据下列情景或自行设置情景，采用分角色扮演法进行列车在长大隧道发生火灾的应急处理模拟演练。

情景：××××年××月××日，从××站开往××站的××次列车运行至长大隧道时，7 号车厢中部座位下突然冒烟，由于烟雾越来越大，旅客惊慌失措，7 车乘务员迅速跑到冒烟处，对冒烟源进行检查，疏散冒烟部位周边旅客，并向列车长汇报。汇报时，冒烟处突然出现火苗，7 车乘务员立即使用灭火器进行扑救。列车长、乘警、随车机械师赶到现场，参与灭火、旅客疏散等工作。

2. 任务目标

① 掌握列车在长大隧道发生火灾的应急处理方法。

② 培养和提高学生对列车在长大隧道发生火灾的应急处理能力。

3. 任务准备

① 场地：应急处理模拟演练实训场地。

② 角色：旅客若干，乘务员若干，司机 1 名，列车长 1 名，乘警 1 名，随车机械师 1 名。

③ 道具：逃生梯 2 部，对讲机若干。

4. 任务流程

① 将全班学生分成若干组，每组 8～10 人。

② 每组根据所给情景或自行设置情景，编写演练脚本，并据此反复进行预演，逐步完善，同时将小组名称、演练过程等填入表 2-8 中。

③ 各小组分别进行汇报演练。

④ 汇报演练结束后，各小组互评，教师对各小组的汇报演练进行点评，指出演练中存在的问题。教师可按表 2-8 给各小组评分。

表 2-8　列车在长大隧道发生火灾应急处理模拟演练表

小组名称	
演练过程	

（续表）

演练评分	是否积极参与（20 分）	
	整体组织指挥是否协调（20 分）	
	岗位分工是否明确（20 分）	
	内容是否准确、完整（20 分）	
	表达是否流畅、清晰和得体（20 分）	
	总分（100 分）	
存在的问题		

5. 演练脚本

长大隧道发生火灾进行旅客疏散的演练脚本示例如下。

（××××年××月××日，从××站开往××站的××次列车运行至某长大隧道时发生火灾。火灾前期情形：7 车乘务员正在整理旅客行李时，突然听到某位旅客大喊“座位下冒烟了”，于是循声快步赶到，观察冒烟部位情况。7 车乘务员立即疏散旅客，并报告列车长。）

7 车乘务员：“各位旅客不要惊慌，车厢前方旅客请向 6 号车厢有序疏散，车厢后方旅客请向 8 号车厢有序疏散。”

7 车乘务员：“报告列车长，7 号车厢中部座位下冒烟，我已将周边旅客疏散，请马上赶到现场处理。”

列车长：“明白，马上赶到。”

（列车长通知乘警、随车机械师赶往现场。）

列车长：“乘警、随车机械师有吗？”

乘警：“乘警有。”

随车机械师：“随车机械师有。”

列车长：“7 号车厢发生火情，请立即赶赴现场。”

乘警：“乘警明白，正在赶往 7 号车厢。”

随车机械师：“随车机械师明白，正在赶往 7 号车厢。”

（这时冒烟处突然燃起火苗并迅速蔓延，乘务员迅速使用灭火器进行扑救，但无法将火情扑灭。7 车乘务员立即想到使用紧急停车按钮停车，但此时列车正在隧道内行驶，于是呼叫列车长。）

7 车乘务员：“列车长，列车正在隧道内行驶，能使用紧急停车按钮停车吗？”

列车长：“请立即使用紧急停车按钮停车。”

7 车乘务员：“收到。”

列车长：“随车机械师到场后，立即切断 7 号车厢电源，准备应急灯，并与司机联系，通报情况，等车尾出了隧道后要求司机停车。”

随车机械师：“随车机械师明白。”

（随车机械师到达 7 号车厢后，立即切断电源，并打开应急照明。列车尾部驶出隧道后，随车机械师要求司机停车。）

随车机械师：“××次列车长，7 号车厢电源已切断，应急照明已打开。”

列车长：“收到。”

随车机械师：“××次司机，7 号车厢发生火情，且火势仍在增强，请立即停车。”

司机：“收到。”

列车长：“6 车、7 车、8 车注意，打开左侧车门，观察有无列车通过，组织旅客暂时下车。”

乘务员：“旅客们不要着急，请按顺序下车，注意脚下安全。”

乘警：“列车长，确认 6 车、7 车、8 车旅客已全部下车。”

列车长：“收到。”

…………

任务 2.5　列车突发重大疫情安全管理与应急处理

引导案例——火车上一疑似患有某种传染病的旅客被隔离

某日，一列车在运行过程中，工作人员通过热像仪发现一名旅客的体温达 38℃，有发烧症状，怀疑其患有某种传染病。于是，工作人员立即与相关部门联系，在列车停靠某个车站后，这名旅客被紧急送往车站附近的定点医院，其所在车厢的所有人员均被送往卫生检疫点进行检查。

思考：列车内人员密集、空间封闭，病毒容易广泛传播，且病毒的传播往往会引发恐慌。如果你是该列车的乘务员，你应该如何应对？

知识储备

铁路运输具有流动性强、人员密集、旅客成分复杂等特点，一旦某一地区发生疫情且未得到严格控制，疫情很可能通过铁路网传播到各地，使疫情大范围蔓延，后果严重。重大疫情突发事件包括如下内容。

① 甲类传染病（如鼠疫、霍乱）、乙类传染病（如传染性非典型肺炎、艾滋病、人感染高致病性禽流感）、丙类传染病（如流行性感冒、流行性腮腺炎、风疹）暴发或出现多例死亡病例。

② 发现罕见或已消灭的传染病，以及新型传染病的疑似病例。

③ 可能造成严重影响公众健康和社会稳定的传染病疫情，以及上级卫生行政部门临时规定的疫情。

2.5.1 列车突发重大疫情的预防控制

为了避免列车突发重大疫情，铁路相关部门应采取有效的预防控制措施，具体如下。

① 加强铁路与地方防疫机构的联动控制，共同协商、分工合作。

② 加强铁路客运人员的卫生防疫知识培训，使其掌握卫生防疫的基本技能。

③ 加强列车卫生防疫硬件基础设施建设。

④ 疫情期间，应加强对列车、工作人员及旅客的卫生检疫。

铁路快讯

流感高发期，成渝高铁乘务员为旅客送口罩、热姜茶

冬季历来是流感高发期，车站、列车等人口流动性大的场所便成了流感的温床。

某年冬季，成渝高铁列车长在值乘过程中发现不少患有感冒的旅客，这些旅客大多都有发烧、咳嗽等症状，遂向车队反馈情况。重庆客运段动车一队得知后非常重视此事，在咨询防疫卫生部门后，将预防流感小知识以活动展板展示、微信推送等方式进行宣传和普及，并准备了口罩、热姜茶、消毒纸巾、通鼻贴等，供旅客使用。动车一队党总支副书记称，希望通过这样的方式引起大家对预防流感的重视。

（资料来源：http://picture.youth.cn/qtdb/201801/t20180110_11264703.htm?mobile=0）

2.5.2　列车突发重大疫情的应急处理

当列车突发重大疫情时，铁路相关工作人员应立即进行应急处理，其流程如图 2-8 所示。

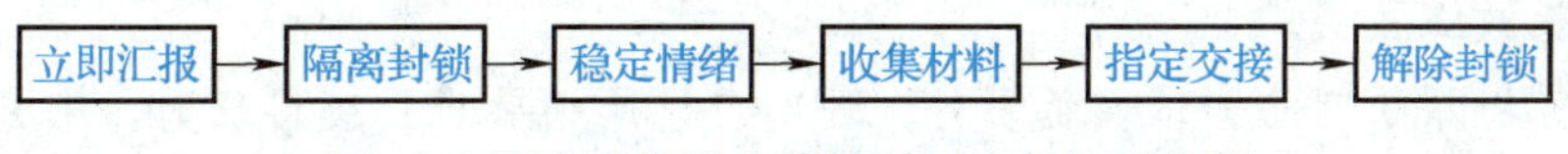

图 2-8　列车突发重大疫情时的应急处理流程

① 立即汇报。发现列车上有疑似鼠疫、霍乱等重大疫情的病例或疑似病例时，列车长应立即向司机和段调度室报告，司机向列车调度员报告。

② 隔离封锁。列车长、乘警及乘务员等列车工作人员应组织传染病人、疑似病人和密切接触者就近隔离，紧急疏散其他旅客，封锁已经污染或可能污染的区域。

列车发生重大疫情应急处理

③ 稳定情绪。列车工作人员应维护好车内秩序，确保区域封锁、旅客隔离、站车移交等工作正常开展，安抚旅客，稳定其情绪。

④ 收集材料。列车长、乘务员对传染病人、疑似病人和密切接触者进行登记，登记内容主要包括姓名、性别、年龄、家庭住址、工作单位、身份证号码、票面信息、联系方式等。

⑤ 指定交接。列车调度员根据铁路局有关部门确定的处置方案，安排列车在指定站停车。列车长接到司机在指定站停车的通知后，将传染病人、疑似病人、密切接触者和其他需要跟踪观察的旅客及相关资料移交车站和铁路疾控部门处理。

⑥ 解除封锁。铁路疾控部门对已经污染或可能污染的区域进行消毒。铁路疾控部门确认处置完毕后，解除区域封锁。

复兴之路

严把防疫关，守护旅客安全出行

呼和浩特铁路局包头客运段第一包乘组严把防疫“三道关”，守护每位旅客的安全。

严把“测温关”

受某种传染病疫情的影响，包头客运段东胜车队K××次列车客流大幅较少。虽然旅客少，但防疫措施一点都不能少，尤其是要守好防疫的第一道关口——测温。

对于每位乘坐K××次列车的旅客，第一包乘组都会耐心细致地为其测温，看似一个简单重复的动作，考验的是乘务组防疫的责任心。第一包乘组认为，测温是对旅客负责，绝不能抱有一丝敷衍了事的心态，只有把控好每个细节，列车防疫才能做细做实。

乘务组除了对旅客认真负责外，还对自己严格要求。交接班时，乘务组都要进行多次测温，确保健康上岗。

严把“巡视关”

防疫期间，列车长比平日多了一句口头禅：“乘务员首先要严格按照制度要求确保自己的安全，才能守护旅客的安全。”第一包乘组每个人的心里都很清楚，值乘期间，一定要穿戴好三件套——口罩、一次性手套和护目镜，全副武装之后才可以开始巡视。巡视的目的很明确，即检查旅客是否全程都戴好了口罩。

严把“消毒关”

包头客运段有一套严格的列车消毒流程，如预防消毒、应急消毒、终末消毒，它们环环相扣。第一包乘组严格遵照规定，全力做好班组消毒工作。对于列车的重点部位，如通过台、过道、门把手、扶手等，值班人员每4小时消毒一次，采用多种消毒方式（如擦拭、喷洒、覆盖）进行消毒，让病毒无处遁形。

防疫期间，包头客运段K××次列车第一包乘组坚守岗位，履职尽责，做好每一个细节，牢牢筑起铁路客运防疫的流动防线。

（资料来源：http://nm.people.com.cn/n2/2021/0123/c196697-34543897.html）

任务实施——列车突发重大疫情应急处理模拟演练

1. 任务描述

根据下列情景或自行设置情景，采用分角色扮演法进行列车突发重大疫情的应急处理模拟演练。

情景：××××年××月××日，××次列车运行至××站和××站之间时，乘务员在8号车厢内巡视，发现5B席位的旅客身体不适，用体温计为其测体温，结果显示该旅客的体温为39.4℃，旅客还有咳嗽、咽喉疼痛等症状。经乘务员询问，该旅客于××站（发生禽流感疫情的地区）上车，乘务员怀疑该名旅客感染了禽流感病毒。

2. 任务目标

① 掌握列车突发重大疫情的应急处理方法。

② 培养和提高学生对列车突发重大疫情的应急处理能力。

3. 任务准备

① 场地：应急处理模拟演练实训场地。

② 角色：乘务员若干，旅客若干，列车长 1 名，乘警 2 名，列车调度员 1 名。

③ 道具：对讲机若干，口罩、手套等防护用品若干。

4. 任务流程

① 将全班学生分成若干组，每组 8～10 人。

② 每组根据所给情景或自行设置情景，编写演练脚本，并据此反复进行预演，逐步完善，同时将小组名称、演练过程等填入表 2-9 中。

③ 各小组分别进行汇报演练。

④ 汇报演练结束后，各小组互评，教师对各小组的汇报演练进行点评，指出演练中存在的问题。教师可按表 2-9 给各小组评分。

表 2-9　列车突发重大疫情应急处理模拟演练表

小组名称		
演练过程		
演练评分	是否积极参与（20 分）	
	整体组织指挥是否协调（20 分）	
	岗位分工是否明确（20 分）	
	内容是否准确、完整（20 分）	
	表达是否流畅、清晰和得体（20 分）	
	总分（100 分）	
存在的问题		

5. 演练脚本

列车突发重大疫情的演练脚本示例如下。

（××××年××月××日，××次列车运行至××站和××站之间时，8 车乘务员在车厢内巡视时，发现疑似禽流感患者，立即向列车长报告。）

8 车乘务员：“报告列车长，8 车 5B 席位旅客的体温为 39.4℃，伴有咳嗽、咽喉疼痛等症状，该旅客在××站上车。由于××站处于禽流感疫情地区，因此怀疑该旅客是禽流感患者，8 号车厢包括发病旅客共有旅客 47 名，请立即组织处理。”

列车长：“收到，我马上赶到现场。”

（列车长做好防护措施后，随身携带口罩、手套等防护用品赶到 8 号车厢。待乘务员也做好防护措施后，列车长与乘务员共同将口罩、手套发放给车厢内的患病旅客、密切接触者等。随后，列车长向患病旅客询问详细情况。）

列车长：“最近是否接触过禽类？”

患病旅客：“家里养了 1 000 余只生态鸡，每天为鸡舍打扫卫生。”

（这时，该旅客用纸巾捂住口鼻剧烈地咳嗽了几声，列车长发现咳出的痰中带有血丝。列车长根据患病旅客症状，初步判断是疑似禽流感患者，并立即采取隔离措施。）

列车长：“8 车乘务员，请将患病旅客带到 8 号车厢乘务室进行隔离，锁闭本车厢两侧端门，请车厢内的旅客不要走动，以免感染。”

8 车乘务员：“收到。”

（列车长通知司机，司机向列车调度员报告。）

列车长：“××次列车运行至××站和××站之间时，发现从××站上车的 8 车 5B 席位旅客的体温为39.4℃，伴有咳嗽、咽喉疼痛、痰中带血等症状，怀疑其是禽流感患者，乘务员已将 8 号车厢封闭，并将疑似禽流感患者安置在乘务室内，将 48 名密切接触者限制在 8 号车厢内，同时进行了车内通风。现请求到前方停车站进行处理，特此报告。”

列车调度员：“收到，请做好患病旅客和密切接触者的隔离工作，防止疫情扩大。向旅客做好宣传解释工作，避免引起恐慌。”

（列车长通知乘务员和乘警组织防护。）

列车长：“各车厢乘务员、乘警，8 车 5B 席位旅客的体温为 39.4℃，伴有咳嗽、咽喉疼痛、痰中带血等症状，该旅客在××站上车，怀疑是禽流感患者，我们已经将 8 号车厢两侧端门锁闭，阻止其他人员进出。请加强车内巡视，维护车厢秩序，向旅客做好宣传解释工作，避免引起恐慌。”

各车厢乘务员及乘警：“收到，立即执行。”

8 车乘务员：“各位旅客，我们在 8 号车厢发现了一例疑似禽流感患者，现已将该旅客转移到乘务室内隔离，为了确保大家身体健康，请各位旅客戴好口罩和手套进行防护，不要在车内走动，以免感染。”

（2名乘警分别赶到7号车厢和9号车厢，与乘务员共同进行车厢封锁和防护工作，这时9号车厢有一名旅客欲进入8号车厢，乘警立即上前劝阻。）

乘警："先生，您好，8号车厢一名旅客疑似患有禽流感，请您不要进入，回到自己的席位休息，以免感染，感谢您的理解与配合。"

旅客："好的。"

（列车长、乘务员对患病旅客及密切接触者进行了登记，详细记录了姓名、性别、年龄、家庭住址、工作单位、身份证号码、票面信息、联系方式等情况，并编制了客运记录。列车到达前方停车站后，列车长将患病旅客、密切接触者及相关资料移交车站和铁路疾控部门。铁路疾控部门对8号车厢及可能污染的区域进行全面消毒。经疾控部门确认处置完毕后，解除车厢封锁。）

…………

任务2.6 旅客食物中毒事件安全管理与应急处理

引导案例——8名旅客因食用列车食物而中毒

某日，从阜新到上海的××次旅客列车发生了一起食物中毒事件。餐服员将餐车中来源不明的白色粉末状物质（该物质实际为亚硝酸盐，食用过量会中毒）误认为白糖冲入奶粉中，卖给旅客食用，致使8人中毒（其中1人死亡）。

思考：上述旅客食物中毒事件反映了哪些问题？应加强哪些方面的管理或采取哪些防控措施？

（资料来源：http://china.findlaw.cn/jingjifa/shpaq/spaqlw/66882.html）

知识储备

旅客列车是一个流动的场所，很难查清食物中毒的源头。另外，列车上的医疗条件也有限，医护人员缺乏，一旦出现食物中毒，旅客很难马上去医院得到有效救治，这些都对列车运营提出了更高的要求。

造成旅客食物中毒的责任方主要是铁路运输服务方和旅客自身。

① 对于铁路运输服务方，由于铁路站车食品进货渠道复杂、食品加工和存储条件要求高、就餐人数多、食品加工工作量大等原因，因此，做好铁路运输行业食品卫生工作非常不容易。

② 对于旅客自身，大部分旅客在旅行中都会自带食品充饥，但是食品本身具有易腐烂变质、易污染等特点，增加了旅客食物中毒的风险。

2.6.1 旅客食物中毒事件的预防控制

为了避免发生旅客食物中毒事件，铁路相关部门应采取有效的预防控制措施，具体如下。

① 统一进货渠道，改善食品加工、存储条件，强化食品安全管理，保证列车上出售的所有食品从原料到成品都可以追踪，最大限度地消除食品安全隐患，杜绝食物中毒事件的发生。

② 严格执行列车卫生质量标准，对列车卫生、饮食供应、服务设施等进行全面检查、整改。

③ 加强列车管理，杜绝小贩上车叫卖，对有资质在列车经营的食品商也要进行常态化检查，以防食品安全事故。

④ 搭建站、车与铁路沿线地方卫生防疫部门协作平台，加强“站、车、地联动”，共同协作处置旅客食物中毒事件。

2.6.2 旅客食物中毒事件的应急处理

当列车发生旅客食物中毒事件时，铁路相关工作人员应立即进行应急处理，其流程如图 2-9 所示。

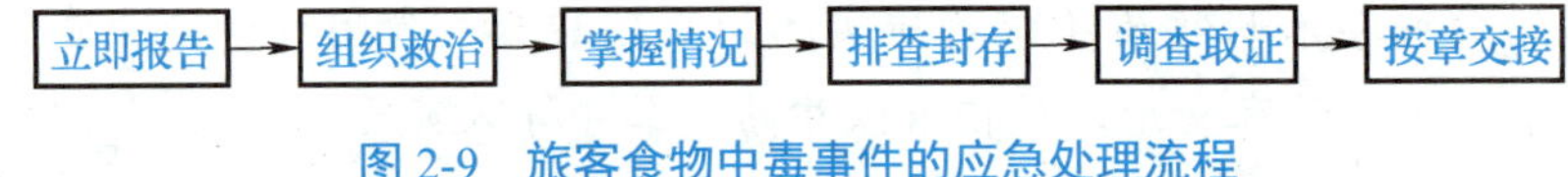

图 2-9 旅客食物中毒事件的应急处理流程

① 立即报告。当发生旅客疑似食物中毒事件时，列车长应立即向司机和段派班室报告。

② 组织救治。列车长立即赶赴现场，通知红十字救护员对患者进行初步救治，同时通过广播寻找医生帮助救治。

若遇到必须临时停车将中毒旅客送医院抢救的情况，列车长应通过司机向列车调度员报告情况，请求临时停车。接到调度命令后，列车长编制客运记录，做好交接准备工作。

③ 掌握情况。列车长要了解中毒旅客主要症状、人数、发病时间等情况，初步判断毒物根源或怀疑导致中毒的食物，立即向司机和段调度室报告，由列车调度员、值班主任通知铁路疾控部门。发生 3 人以上食物中毒时，列车长应及时向前方停车站通报，并向段调度室和铁路局客运调度汇报；怀疑投毒导致食物中毒时，同时向铁路公安机关报告，并

做好相关记录，做好向车站移交的准备工作。

资料卡

报告内容：车次、运行区段、发病时间、地点、病人主要症状、发病人数（包括危重人数及死亡人数）、可能引起中毒的食物等，以及要求车站组织采取的措施。

④ 排查封存。乘警负责保护好现场、维护秩序，收集、封存造成旅客中毒或者可能导致旅客中毒的食物及其原料、器具等，并将病人的呕吐物样品一并留存，等待卫生防疫人员进一步调查。调查结果一般有以下三种情况。

a．若旅客中毒是由自带食品所致，应将其所带食品收集。

b．若不能排除旅客中毒是列车供应食品所致，则应立即停止列车食品供应，采取措施追回已售出的可疑食物或通知旅客禁止继续食用，防止事态进一步扩大。

c．若能确认导致旅客中毒的食物是由配餐或某站出售的食物造成的，应及时报告铁路局客运调度通知生产销售部门停止销售。

⑤ 调查取证。列车长、乘警及时调查发病原因、收集证据，了解中毒旅客的基本情况、发病症状、进食史，并进行记录，形成第一手资料，以便卫生防疫部门调查。

⑥ 按章交接。列车长及时将记录和有关材料移交车站。

旅客食物中毒应急处理

知识加油站

食物中毒的急救方法

一般情况下，食物中毒都是急性的，患者会出现呕吐、腹泻等症状，严重的甚至会死亡。因此，一旦旅客有食物中毒症状，应立即对其进行适当的现场处理，如催吐、导泻等。

a．催吐。催吐是一个非常简单但很有效的急救方法，具体是将干净的手指（也可用筷子、汤匙等）放到患者喉咙深处轻轻划动，使其将胃中食物吐出，催吐完毕后应让患者喝少许盐水，以补充水分和洗胃。需要注意的是，催吐需要在吃完食物两个小时内进行，否则没有明显效果。中毒者若昏迷，则不能催吐，以免呕吐物堵塞气管。

b．导泻。进食两个小时后，食物已到达肠道，此时催吐已经没有明显效果，应考虑导泻。具体方法是将中药大黄用开水泡开服用。需要注意的是，导泻适用于体质较好的年轻人，小孩和老人要慎用，以免引起脱水或人体电解质紊乱。

除了上述两种方法之外，对于因吃了过期变质的食物而导致腹泻的情况，可以用食醋加开水冲服，因为食醋具有一定的杀菌抑菌能力，对于腹泻有一定的防治功效；另外，对于重金属中毒的情况，也可以让患者食用一些牛奶或蛋清进行缓解，但如果情况严重，要及时到医院就医。

复兴之路

快速应对突发事件，温暖人心

在北京西开往重庆西的××次列车上，24名旅客因出现呕吐、恶心、腹痛等症状，于当日凌晨被紧急移交郑州火车站，并被迅速送往市内5家医院进行救治。该列车在郑州火车站发车后，又有15名旅客后续发病，先后在汉口站、恩施站被移交救治。

此次大规模食物中毒事件为外部就餐引起，并非列车上餐食引起。暑运期间铁路客流增多，尤其在北京、厦门等热门旅游城市。客流密集，发生突发事件的概率就相应增大。在××次列车上发生大规模食物中毒后，乘务组紧急广播寻医，第一时间启动了突发公共卫生事件应急预案，与上级部门联系。车站紧急为救护车进出站开辟绿色通道。站车积极配合相关救治工作，处置得当。

每天面对密集的客流，各种各样的突发情况，尤其是暑运期间，川渝地区暴雨晚点，铁路工作人员都在拼尽全力完成应急工作，保证每位旅客的生命财产安全，不辜负旅客对铁路的信任。

铁路部门始终将旅客生命财产安全放在第一位，一直坚持“以人为本，预防为主，分级管理，分级负责”的原则。××次列车乘务组这般应急温暖人心，让旅客为中国铁路竖起大拇指。

（资料来源：https://www.chnrailway.com/html/20190724/1878053.shtml）

任务实施——旅客食物中毒应急处理模拟演练

1. 任务描述

根据下列情景或自行设置情景，采用分角色扮演法进行旅客食物中毒的应急处理模拟演练。

情景：××××年××月××日，××次列车在××站至××站之间运行时，8号车厢12A、12B、12C席位的3名同行旅客，食用自带的鸡肉、香肠、豆制品等熟食后，出现呕吐、头晕等症状。

2. 任务目标

① 掌握旅客食物中毒的应急处理方法。

② 培养和提高学生对旅客食物中毒的应急处理能力。

3. 任务准备

① 场地：应急处理模拟演练实训场地。

② 角色：乘务员若干，旅客若干（包括患病旅客和医务工作者），列车长1名，广播员1名，乘警1名，红十字救护员1名，客运调度1名。

③ 道具：对讲机若干，急救箱1个，样品包装若干。

4. 任务流程

① 将全班学生分成若干组，每组8～10人。

② 每组根据所给情景或自行设置情景，编写演练脚本，并据此反复进行预演，逐步完善，同时将小组名称、演练过程等填入表2-10中。

③ 各小组分别进行汇报演练。

④ 汇报演练结束后，各小组互评，教师对各小组的汇报演练进行点评，指出演练中存在的问题。教师可按表2-10给各小组评分。

表2-10 旅客食物中毒的应急处理模拟演练表

小组名称		
演练过程		
演练评分	是否积极参与（20分）	
	整体组织指挥是否协调（20分）	
	岗位分工是否明确（20分）	
	内容是否准确、完整（20分）	
	表达是否流畅、清晰和得体（20分）	
	总分（100分）	
存在的问题		

5. 演练脚本

旅客食物中毒的演练脚本示例如下。

（××××年××月××日，××次列车在××站至××站之间运行时，乘务员发现3名旅客食物中毒的情况后，立即向列车长报告。）

乘务员："报告列车长，8号车厢12A、12B、12C席位的3名旅客食用自带的熟食后出现呕吐、头晕等症状，请立即赶到现场处理。"

列车长："明白。"

（列车长通知乘警到场。）

列车长："乘警，8号车厢12A、12B、12C席位的3名旅客食用自带的熟食后，出现呕吐、头晕等症状，请立即赶到现场处理。"

乘警："收到。"

（列车长和乘警赶到现场，向3名身体不适的旅客了解情况后，立即通知广播员利用广播寻找医务工作者，并通知红十字救护员赶到现场进行救治。）

列车长："广播员，现在8号车厢有3名旅客食用自带的熟食后，出现呕吐、头晕等症状，请你利用广播在旅客中寻找医务工作者到8号车厢帮助救治。"

列车广播员："收到。"

列车广播员："旅客朋友们，现在8号车厢有3名旅客食用自带的熟食后，出现呕吐、头晕等症状，急需救治，旅客中如有医务工作者请立即赶到8号车厢帮助救治，我代表列车全体工作人员向您表示感谢。"

列车长："红十字救护员，现在8号车厢有3名旅客出现呕吐、昏晕症状，怀疑是食物中毒，请你立即携带急救箱到现场进行救护。"

红十字救护员："收到。"

（红十字救护员赶到现场，同时有一名某肛肠医院的医务工作者也到达现场。）

医务工作者："列车长，我是一名医生，这是我的医师证件。"

列车长："好的，请您立即对3名旅客进行救治，红十字救护员将协助您。"

医务工作者："这几位旅客初步诊断为食物中毒，现在列车上不具备救治条件，需要下车送医院继续救治。"

（医务工作者继续采取催吐等措施进行救治。列车长谢过医务工作者后，立即与客运调度联系。）

列车长："客运调度，我是××次列车长，列车8号车厢有3名旅客被初步诊断为食物中毒，需要下车送医院救治，遂请求在前方有条件的车站临时停车，由车站联系120急救人员到车站接送3名食物中毒旅客入院救治。"

客运调度："收到，请密切关注旅客状况，及时报告需求事项，我们将全力做好保障工作。"

（列车长、乘警和8车乘务员做好稳定旅客情绪工作，收集旅客食用的剩余可疑食物和呕吐物、排泄物样品，封闭被污染的厕所，等待卫生检疫人员查验；同时由乘警收集不少于2份的现场目击旅客的证言材料。客运调度向列车长通知临时停车事项。）

客运调度："××次列车长，列车将于12时15分在前方××站临时停车1分钟，请你做好3名食物中毒旅客的移交工作。"

列车长："收到。"

（列车到达××站后，列车长凭客运记录向车站移交3名旅客，并把封存的样品、旅客携带品及证言材料一并交站处理。）

…………

任务2.7　旅客人身伤害及突发伤、急病事件安全管理与应急处理

引导案例——旅客突发疾病，险！乘务紧急救援，赞！

某日，张某孤身一人从保定东站乘坐××次列车去洛阳。当日下午5点20分，列车即将到达邢台东站时，张某感到腹痛难忍。见此情形，列车长马上向邢台东站请求支援。邢台东站值班领导徐磊接到报告后，立即拨打了120，请求最近的医院派救护车赶往邢台东站，然后迅速组织了2名客运员推上轮椅，提前赶到站台等候。

列车到站停稳后，张某被及时扶上轮椅。但是当医生提出需要患者家属陪同前往医院时，徐磊才知道张某是独自乘车的。在这紧急关头，徐磊高声对医生说："我们邢台东站就是她的家，救人要紧，请马上送医院抢救！"徐磊马上安排车站工作人员陪同张某去了医院。经检查，张某的腹痛是由突发急性阑尾炎所致。由于施救及时，张某最终化险为夷。

"一人有难，大家支援。"邢台东站工作人员的行为感动了旅客，大家都不约而同地为他们竖起了大拇指。

思考：在此次事件中，为什么铁路工作人员得到了旅客的称赞？

（资料来源：https://baijiahao.baidu.com/s?id=1622241770209276666&wfr=spider&for=pc）

知识储备

旅客人身伤害及突发伤、急病事件是指在铁路运输过程中，由于各种原因导致旅客摔伤、挤伤、砸伤、突发心脏病等。此类事件的发生主要有以下特点。

① 具有周期性，如春运期间是此类事件的高发期。

② 与旅程长短、活动时间段有关，如夜间如厕容易发生旅客摔伤。

③ 与列车环境、乘车条件有关，如在列车和站台的缝隙部位容易发生旅客摔伤。

④ 与列车工作人员、旅客成分有关，如老年人容易突发脑出血、心脏病。

2.7.1 旅客人身伤害及突发伤、急病事件的预防控制

为了避免发生旅客人身伤害及突发伤、急病事件，铁路相关部门应采取有效的预防控制措施，具体如下。

① 加强铁路人员安全教育，提高铁路人员安全防范意识。

② 建立全员预防、全员监控、全员承责的风险控制体系，做好以下“四个重点”。

a．重点时段控制，如春运、寒暑期、清晨、夜间控制。

b．重点部位控制，如车门处、厕所处、行李架处等控制。

c．重点旅客控制，如将老、幼、病、残、孕作为重点照顾对象。

d．重点设备控制，如随时巡查防火设备、安全应急设备的状态。

③ 加强旅客宣传教育，如通过广播宣传安全常识，提示旅客遵守乘车安全规定。

铁路快讯

某日，从长春开往三亚的××次列车到达山东菏泽站后，列车长在站台上发现了一位坐着轮椅、带着双拐的旅客，他正艰难地准备上车。经过询问，列车长得知该旅客由于身体原因行走极其困难，且要独自一人乘车回广州。考虑到该旅客旅途的不便，列车长立即组织乘务员帮他推轮椅、搬行李，并将他送到车厢内，还积极与其他旅客协商，为他调换到下铺。列车长还嘱咐乘务员对这名旅客进行重点照顾，尽可能地帮助他。

该旅客对乘务员的照顾非常感激，他说：“没想到铁路的服务这么周到，让我们残疾人的旅途也变得跟正常人一样顺利、美好。”

（资料来源：https://weibo.com/3150465571/HANTl2w9T?type=comment#_rnd1586392400980）

课堂小剧场

客运高峰期，旅客上下车过程中常因拥挤而发生摔伤，这就要求乘务员必须严把车门关，使用警示带和渡板，加强口头宣传，让旅客上得去、下得来，使旅客有序乘降，以确保旅客安全。假设你是一名乘务员，请现场模拟组织旅客上下车的情景。

2.7.2　旅客人身伤害及突发伤、急病事件的应急处理

旅客人身伤害及突发伤、急病事件的应急处理可分为旅客人身伤害的应急处理和旅客突发伤、急病的应急处理两种情况。

1. 旅客人身伤害的应急处理

当发生旅客人身伤害时，铁路相关工作人员应立即进行应急处理，其流程如图 2-10 所示。

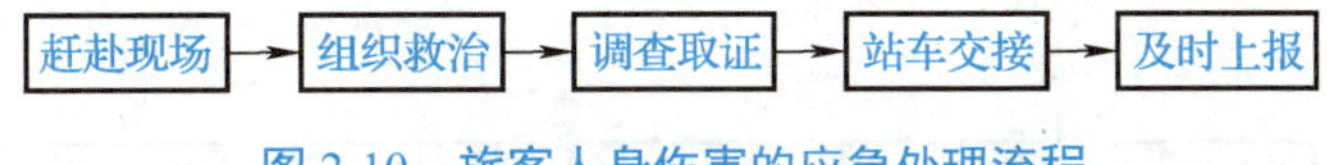

图 2-10　旅客人身伤害的应急处理流程

① 赶赴现场。列车长、乘警接到报告后应立即赶赴现场。

② 组织救治。列车长安排红十字救护员进行初步救治；若旅客伤害较严重，应及时通过广播员广播寻找医务工作者帮助救治，并根据救治需要，提前协调医务工作者全程参与救治，直至医疗机构救护人员到场。

需临时停车抢救时，列车长要及时通知司机，由司机向列车调度员报告，列车长根据司机传达的停站通知做好交站准备工作。在临时停车前遇旅客死亡时，列车长应立即通知客运调度，并及时组织对该旅客座位和可能污染的场所进行应急消毒。

③ 调查取证。列车长要会同乘警勘查现场，收集旁证物证，调查旅客受伤、死亡原因，收集不少于 2 份同行人或见证人证词，根据有效证件确定伤亡者的姓名、单位、住址；对参加救治的医务工作者的单位、姓名、联系方式等信息进行登记。

列车发生旅客人身伤害应急处理

④ 站车交接。列车长编制客运记录，连同旅客、同行人及其车票、随身携带物品、相关资料一并移交前方停车站处理，列车工作人员不下车参与处理。若受伤旅客要求继续乘车，则可将旅客移交到站处理；若旅客伤势严重，必须临时停车送医院抢救时，列车长应报告司机，由司机向列车调度员汇报，由铁路局客运调度安排临时停车就医治疗。若来不及编写客运记录，列车长可暂不移交客运记录，于 3 日内再向受理车站补交。

若旅客人身伤害是治安或刑事案件所致，乘警应与站警办理案件交接。列车长编制客运记录，由乘警在客运记录上签名，同时拍发列车电报。

⑤ 及时上报。列车长及时将有关旅客人身伤害的情况上报。

2. 旅客突发伤、急病的应急处理

当旅客突发伤、急病时，铁路相关工作人员应立即进行应急处理，其流程如图 2-11 所示。

图 2-11　旅客突发伤、急病的应急处理流程

① 赶赴现场。列车长、乘警接到报告后应立即赶赴现场。

旅客突发疾病，众人紧急救助

② 组织救治。列车长安排红十字救护员进行初步救治；若旅客病情较严重，应及时通过广播员广播寻找医务工作者帮助救治，并根据救治需要，提前协调医务工作者全程参与救治，直至医疗机构救护人员到场。

若旅客身体不适是由列车速度过快等造成的，乘务员应及时帮助旅客调整座席，让旅客保持舒适的乘车姿势，经常看望旅客，提供相应的服务，并及时将旅客情况向列车长汇报。若旅客状况不能改善或逐渐加重，乘务员应征求旅客或同行人的意见，确定是否下车治疗。

③ 调查取证。列车长要会同乘警勘查现场，收集旁证物证，调查旅客突发伤、急病的原因，收集不少于 2 份同行人或见证人证词，根据有效证件确定伤亡者的姓名、单位、住址；对参加救治的医务工作者的单位、姓名、联系方式等信息进行登记。

④ 站车交接。列车长编制客运记录（见图 2-12），连同旅客、同行人及其车票、随身携带物品、相关资料一并移交前方停车站或到站处理，列车工作人员不下车参与处理。对病情严重或紧急的旅客，列车长要通过客运调度联系前方车站急救，并做好交接准备工作。若来不及编写客运记录，列车长可暂不移交客运记录，于 3 日内再向受理车站补交。

××铁路局　　　　客统—1

客运记录

第 × 号

记录事由：移交患病旅客
××站：
××××年××月××日，××列车从××站发出后，旅客
××，身份证号××××××，票号×××，突发疾病，经医生
诊治后未见好转，现移交你站，请按章处理。
注：有同行人时，在记录中附上同行人的车票、票号。
无同行人时，附上旅客车票、身份证、携带品清单。
注： 1. 站、车需要编记录时均适用。 2. 本记录不能作为乘车凭证。 ×× 站段 编制人员 ××　(印) 站段 签收人员 ××　(印) ××××年××月××日

图 2-12　移交患病旅客的客运记录

牛刀小试

尝试编制一份旅客突发伤、急病的客运记录。

小贴士

a. 旅客不愿中途下车时，列车长应在客运记录上注明并让其签字。

b. 被伤害旅客在列车内死亡（包括抢救无效死亡）时，列车长要请参与抢救的医务工作者在记录上注明死亡原因，列车长与乘警共同编写客运记录，按规定与车站客运和公安共同办理交接。

⑤ 及时上报。列车长及时将有关旅客突发伤、急病的情况上报。

铁路快讯

高铁旅客突发疾病，缙云西站演绎生死时速

某日 19 时 11 分，浙江高铁缙云西站客运值班员接到苍南开往杭州东的××次列车长的求助电话，列车上一名旅客突发疾病，需高铁缙云西站紧急救援。

接到电话后，车站值班人员立即拨打缙云县人民医院电话，请救护车以最快的速度赶至缙云西站。同时，车站值班站长迅速组织公安民警和车站职工等候在即将到站的××次列车 12 号车厢停靠处，准备接患病旅客下车。

19 时 34 分，该次列车到站，在列车和车站工作人员的共同协作下，病人被抬下列车。此时这名旅客已经脸部发青、手指发白、不省人事，车站工作人员立即将其抬至担架上，全速送至出站口救护车处，并随救护车一同前往缙云县人民医院抢救。经医生一个小时的全力抢救，该旅客终于转危为安，脱离危险。据医生介绍，该旅客的消化道破裂导致大出血，如果该旅客没有及时送医，后果将不堪设想。

（资料来源：https://www.sohu.com/a/257479776_327914）

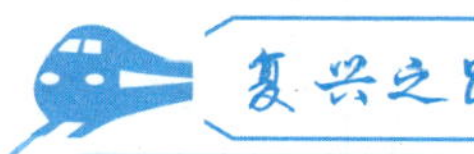

想旅客所想，急旅客所急

内蒙古呼和浩特铁路局包头客运段积极应对“五一”假期客流高峰，在做好既有列车开行工作的同时，着力做好临客开行工作，实现“安全好、秩序好、服务好、效益好”的“四好”目标，圆满完成旅客运输任务。圆满完成任务的背后，是包头客运段工作人员忙碌的身影和无悔的付出。

5 月 2 日，Z351 次列车上出现惊险一幕。一名旅客突发急病，口吐白沫、抽搐晕厥，列车长李旭紧急施救，全然不顾自己的手被咬得流血肿胀、无法伸直，用手指取出旅客口中卡着的一枚枣核。旅客脱离危险恢复正常后，李旭欣慰地说：“只要旅客平安，这点伤不算什么。”用心、用情守护旅客的出行路，铁路人是专业的！

5 月 2 日，K620 次列车到达终点站大同站。列车长张海斌接到 2 号车厢乘务员的汇报，他在座位上发现一个旅客遗落的粉红色挎包。张海斌立即协同乘警到场开包检查，发现包内装有现金 3 700 元和一些生活用品。凭借包内单据信息，张海斌几经周折，终于联系到失主张某，张海斌与张某约定待列车返回土贵乌拉站时交还挎包。次日，张某来领挎包，还特意为张海斌送上一面锦旗，激动地说：“真心谢谢你，真心谢谢你！”

5 月 3 日，K600 次列车运行至长葛站时，忽降骤雨。乘务员雨中立岗，叮嘱旅客打好雨伞、注意脚下安全，帮助旅客安全乘降并为其拎行李。乘务员虽然淋湿了，却温暖了旅客。

“想旅客所想，急旅客所急”，这不是一句空话。包头客运段乘务员值乘途中认真做好每件事，主动服务好每名旅客，让旅客出行体验更美好。

（资料来源：http://nm.people.com.cn/n2/2021/0610/c196697-34771232.html）

任务实施 1——旅客人身伤害应急处理模拟演练

1. 任务描述

根据下列情景或自行设置情景，采用分角色扮演法进行旅客人身伤害的应急处理模拟演练。

情景：××××年××月××日，××次列车从××站开出后不久，10 号车厢内一旅客从行李架取行李时，由于手滑没拿住行李，砸伤了另一旅客的头部，导致其头部血流不止。

2. 任务目标

① 掌握旅客人身伤害的应急处理方法。

② 培养和提高学生对旅客人身伤害的应急处理能力。

3. 任务准备

① 场地：应急处理模拟演练实训场地。

② 角色：乘务员若干，旅客若干，列车长 1 名，乘警 1 名，医务工作者 1 名，红十字救护员 1 名，车站值班员 1 名，客运调度 1 名。

③ 道具：对讲机若干，医药箱 1 个。

4. 任务流程

① 将全班学生分成若干组，每组 8～10 人。

② 每组根据所给情景或自行设置情景，编写演练脚本，并据此反复进行预演，逐步完善，同时将小组名称、演练过程等填入表 2-11 中。

③ 各小组分别进行汇报演练。

④ 汇报演练结束后，各小组互评，教师对各小组的汇报演练进行点评，指出演练中存在的问题。教师可按表 2-11 给各小组评分。

表 2-11　旅客人身伤害的应急处理模拟演练表

小组名称		
演练过程		
演练评分	是否积极参与（20 分）	
	整体组织指挥是否协调（20 分）	
	岗位分工是否明确（20 分）	
	内容是否准确、完整（20 分）	
	表达是否流畅、清晰和得体（20 分）	
	总分（100 分）	
存在的问题		

5. 演练脚本

旅客人身伤害的演练脚本示例如下。

（××××年××月××日，××次列车从××站开出后不久，10 号车厢内一旅客从行李架取行李时，由于手滑没拿住行李，砸伤了另一旅客的头部，导致其头部血流不止。10 车乘务员发现后立即报告列车长。）

10 车乘务员："报告列车长，10 号车厢有一名旅客被行李砸伤头部，血流不止，请立即赶到现场处理。"

列车长："收到。"

（列车长通知乘警、红十字救护员赶到现场，并通知广播员广播寻找医务工作者。）

列车长："××次乘警，10 号车厢有一名旅客被行李砸伤头部，请随我一同到达现场。"

乘警："收到。"

列车长："××红十字救护员，10 号车厢有一名旅客被行李砸伤头部，请立即携带医药箱到场进行救治。"

红十字救护员："收到。"

列车长："××次广播员，10 号车厢有一名旅客被行李砸伤头部，请立即广播寻找医务

工作者协助救治。”

广播员：“收到。”

广播员：“女士们、先生们，本次列车有一名旅客受伤，有哪位旅客是医务工作者，请到10号车厢与列车工作人员联系，在此向您表示衷心的感谢。”

（列车长、乘警、红十字救护员和医务工作者先后到达现场。列车长、乘警掌握受伤旅客基本情况后，进行录像取证。红十字救护员与医务工作者共同对旅客进行初步包扎处理。列车长通知前方车站值班员做好交接准备工作。）

列车长：“车站值班员，××次列车10号车厢有一名旅客被行李砸伤头部，已进行初步包扎处理，请做好交接准备工作。”

车站值班员：“收到。”

（列车到达前方车站后，列车长与车站值班员办理交接工作。列车开车后，向客运调度报告。）

列车长：“客运调度，我是××次列车长，列车从××站开出后不久，10号车厢有一旅客被行李砸伤头部，我们对其进行了初步包扎处理，并已与××站值班员进行了交接。列车正点开车，秩序良好。”

客运调度：“收到。”

任务实施2——旅客突发伤、急病应急处理模拟演练

1. 任务描述

根据下列情景或自行设置情景，采用分角色扮演法进行旅客突发伤、急病的应急处理模拟演练。

情景：××××年××月××日，××次列车在××站和××站之间运行时，3号车厢的一名旅客找到3～4车乘务员说其腰部疼痛难忍。

2. 任务目标

① 掌握旅客突发伤、急病的应急处理方法。

② 培养和提高学生对旅客突发伤、急病的应急处理能力。

3. 任务准备

① 场地：应急处理模拟演练实训场地。

② 角色：乘务员若干，旅客若干，列车长1名，乘警1名，医务工作者1名，红十字救护员1名，车站值班员1名，客运调度1名。

③ 道具：对讲机若干，医药箱1个。

4. 任务流程

① 将全班学生分成若干组，每组 8～10 人。

② 每组根据所给情景或自行设置情景，编写演练脚本，并据此反复进行预演，逐步完善，同时将小组名称、演练过程等填入表 2-12 中。

③ 各小组分别进行汇报演练。

④ 汇报演练结束后，各小组互评，教师对各小组的汇报演练进行点评，指出演练中存在的问题。教师可按表 2-12 给各小组评分。

表 2-12 旅客突发伤、急病的应急处理模拟演练表

小组名称		
演练过程		
演练评分	是否积极参与（20 分）	
	整体组织指挥是否协调（20 分）	
	岗位分工是否明确（20 分）	
	内容是否准确、完整（20 分）	
	表达是否流畅、清晰和得体（20 分）	
	总分（100 分）	
存在的问题		

5. 演练脚本

旅客突发伤、急病的演练脚本示例如下。

（××××年××月××日，××次列车在××站和××站之间运行时，3 号车厢的一名旅客找到 3～4 车乘务员说其腰部疼痛难忍。3～4 车乘务员立即向列车长报告。）

3～4 车乘务员："报告列车长，3 号车厢有一名旅客突发疾病，腰部疼痛难忍，请立即到场处理。"

列车长："收到。"

（列车长通知乘警、红十字救护员赶到现场，并通知广播员广播寻找医务工作者。）

列车长："××次乘警，3 号车厢有一名旅客突发疾病，请随我一同到达现场。"

乘警："收到。"

列车长："××次红十字救护员，3 号车厢有一名旅客突发疾病，请立即携带医药箱到 3 号车厢进行救治。"

红十字救护员："收到。"

列车长："××次广播员，3 号车厢有一名旅客突发疾病，请立即广播寻找医务工作者。"

广播员："收到。"

广播员："女士们、先生们，本次列车有一名旅客突发疾病，有哪位旅客是医务工作者，请到 3 号车厢与列车工作人员联系，在此向您表示衷心的感谢。"

（列车长、乘警、医务工作者和红十字救护员先后到达现场。列车长、乘警掌握患病旅客基本情况后，进行录像取证。医务工作者与红十字救护员共同对旅客实施救治，但旅客病情未好转。列车长询问旅客是否需要在前方停车站下车救治，旅客同意，列车长通知前方停车站值班员。）

列车长："车站值班员，××次列车 3 号车厢一名旅客突发疾病需要急救，请派 120 救护车到车站等候，旅客无同行人，请在 3 车车门处办理交接。"

车站值班员："收到。"

列车长："客运调度，我是××次列车长，3 号车厢一名旅客突发疾病，经医务工作者与红十字救护员救治，旅客病情未好转，已通知××站派 120 救护车到车站等候，旅客无同行人。"

客运调度："收到，请办理好交接工作，随时观察旅客病情。"

列车长："收到。"

（列车到达韶关站后，列车长与车站值班员在客运记录上确认签字，患病旅客被送往医院救治。列车长在办理完交接、列车开车后，向客运调度报告。）

列车长："客运调度，我是××次列车长，3 号车厢一名旅客突发疾病，已在××站由 120 救护车接走进行救治。列车正点开车，秩序良好。"

客运调度："收到。"

任务 2.8 列车安全综治事件安全管理与应急处理

引导案例——南京铁路警方破获贩毒大案

某日上午10时，从昆明南开往南京南的××次列车从贵阳北站开出，南京乘警支队乘警刘祥巡视车厢时发现，一名穿着黑色T恤的旅客正低头站在2号车厢和3号车厢的连接处看手机。看见有乘警走过来，该旅客立即将手机塞进裤兜里，并神色慌张地向车窗外故作张望。这一反常举动立即引起了刘祥的怀疑，刘祥遂对其进行了盘问。

该旅客自称准备到湖南投靠老乡，但他只随身携带一只黑色小包，并没有携带大件行李箱。刘祥要求该旅客提供火车票和身份证，其身份证信息显示，该旅客姓丁，江西人，刘祥并未发现其他异常情况。正在这时，丁某用手又摸了几下裤兜里的手机，这一细微举动被刘祥看在了眼里。他让丁某掏出手机，丁某露出了慌乱的神色。经过查找，刘祥发现其正在用微信与一个叫“渐行”的人联系来进行贩毒活动。

在获悉这一重大线索后，南京铁路公安处向怀化铁路公安处通报。公安机关顺着这条线索破获了3年来最大的一起贩毒案。

思考：你觉得刘祥的做法有哪些可取之处？

（资料来源：https://new.qq.com/omn/20190225/20190225A0YWOD.html）

知识储备

常见的列车安全综治事件有列车突发治安事件、列车发现精神异常旅客事件、列车发现危险品事件等，下面分别介绍这几种事件的安全管理与应急处理。

2.8.1 列车突发治安事件安全管理与应急处理

由于旅客列车客流量大、旅客成分复杂、周边环境多样等，列车常常会突发各种治安事件，如杀人、抢劫、斗殴、盗窃、贩毒、拦截列车、聚众哄抢铁路运输物资等。这类事件往往会对旅客的生命及财产安全造成直接威胁，严重影响铁路治安秩序。

1. 列车突发治安事件的预防控制

为了避免列车突发治安事件，铁路相关部门应采取有效的预防控制措施，具体如下。

① 端正职工思想，提高职工治安防范意识。

② 建立健全铁路治安综合治理机制。例如，建立健全安全岗位责任机制，按照“谁主管，谁负责”的原则，从单位领导到基层工作人员，逐级分解，层层落实，明确各岗位人员职责和分工。

③ 深入开展铁路治安综合治理工作，将治理措施落到实处。

2. 列车突发治安事件的应急处理

当列车突发治安事件时，铁路相关工作人员应立即进行应急处理，其流程如图 2-13 所示。

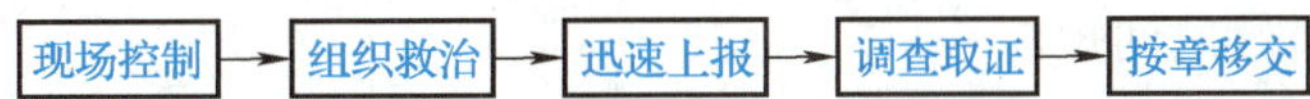

图 2-13 列车突发治安事件的应急处理流程

① 现场控制。列车长、乘警接到通知后应立即赶到现场，采取有效措施制止事态发展，安抚旅客。

② 组织救治。若有人员受伤，列车长应立即通知红十字救护员到场进行初步救治，并通知广播员广播寻找医务工作者。

③ 迅速上报。列车长了解情况后及时向前方车站派出所、段调度室报告。报告内容包括时间、地点、车次、车厢、事件简况、涉事人数、是否有伤亡等。

④ 调查取证。列车长、乘警收集不少于 2 份的旁证材料，并妥善保管证据和材料，若有条件，应拍摄照片或视频。

⑤ 按章移交。列车长应编制客运记录（乘警签字），连同旅客及其车票、随身携带品等一起移交车站，同时拍发电报。

一旅客持刀威胁另一旅客，被威胁旅客还“摸”了警枪！

某日，在××次列车上，乘警接到餐车工作人员报告，有一旅客张某持刀威胁他人，乘警立即赶往现场。乘警到场后口头传唤持刀人张某至 10 号车厢进行询问，但张某极不配合。为保证餐车旅客安全，乘警对其采取强制措施带离。

经查，由于张某在餐车吃饭时说话声音很大，在邻座喝酒的梁某说了他几句，而张某认为梁某对其说话声音也很大，于是双方发生口角。张某还在其右侧裤兜内掏出一把组合刀，对梁某进行威胁，梁某见到张某掏出刀具后立即远离了餐车。

然而，事情并未因持刀的张某被警方查处而结束。列车到长春站后，乘警在站台上进行站车交接，本案受害人梁某也被要求配合警方调查，但是他却很抗拒，还对民警的配枪有抓取动作。梁某被长春站铁路警方当场制服，并被带往执法办案区。

经裁决，梁某因寻衅滋事被治安拘留十日；持刀人张某因寻衅滋事被治安拘留十日，同时因非法携带管制刀具被治安拘留十日，合并治安拘留十五日。

（资料来源：https://baijiahao.baidu.com/s?id=1640618249331314150&wfr=spider&for=pc）

2.8.2 列车发现精神异常旅客安全管理与应急处理

乘车时间长、车内环境条件差等，将导致旅客出现精神异常。精神异常旅客往往会产生过激行为，伤害他人，导致他人轻伤、重伤或死亡的事件。这种旅客主要有如下特点。

① 发病急、持续时间短。

② 有严重的意识障碍，往往伴有病理性错觉、幻觉、被害妄想等。

③ 行为上有惊恐反应，易产生伤人、毁物等冲动行为。

精神异常旅客不仅会给旅客自身带来伤害，还会对他人造成恐慌、威胁和伤害，扰乱列车秩序，破坏旅客安全乘车环境。

铁路快讯

列车严重超载，一旅客突然抽出菜刀要杀人

某日凌晨1时许，一列由上海开往贵阳的旅客列车运行到萍乡至株洲区间时，由于车厢内严重超员、人多拥挤、空气流通差等，7号车厢旅客熊某精神高度紧张，两眼紧盯车厢内流动的人群，口中念念有词。过了一会儿，熊某突然从行李包中抽出一把菜刀，冲进11号卧铺车厢，咆哮着：“我要杀人……”车厢内旅客吓得四处逃散。乘务员一边紧急疏散旅客，一边与熊某“谈判”，一名乘警不顾自身安危，冲上去将熊某手中的菜刀夺下，及时避免了一起可能伤及旅客的事件。

（资料来源：http://www.chinanews.com/sh/news/2007/01-15/854524.shtml）

1. 列车发现精神异常旅客的预防控制

为了避免旅客出现精神异常，铁路相关部门应采取有效的预防控制措施，具体如下。

① 改善列车环境，满足旅客需求，提供优质服务，从源头上消除发生该事件的风险。

② 加强对列车工作人员相关知识的培训教育，使其熟悉精神异常旅客发作特点，掌握基本救助方法。

③ 做好旅客宣传工作，如通过广播向旅客宣传精神异常旅客的相关知识，使旅客了解精神异常旅客发作特点和防范措施，将该事件的发生控制在萌芽状态。

④ 建立防控机制，降低事件发生概率，形成旅客、客运工作人员、站车警力三者联动的防控力量，建立旅客提供信息、客运工作人员前期疏导、站车警力负责控制的防控机制。

为了预防列车出现精神异常旅客，许多铁路列车推出了各具特色的减压式亲情服务，如在餐车的餐桌上放置一些小笑话卡片，让旅客在等候的过程中可以开怀一笑。你还可以想到哪些减压式亲情服务？

2. 列车发现精神异常旅客的应急处理

当列车发现精神异常旅客时，铁路相关工作人员应立即进行应急处理，具体如下。

① 及时报告。乘务员应立即报告列车长、乘警，列车长会同乘警迅速到场处理。

② 安全卡控。对有同行人的精神异常旅客，由列车长、乘警共同向同行人介绍安全注意事项，并予以协助；对无同行人的精神异常旅客，列车长应指派专人进行看护，乘警协助处理。乘务员要对精神异常旅客做好登记工作，不允许其单独行动，其离席时必须由同行人或专人看护。

③ 强制约束。对于严重危害本人或者他人安全的精神异常旅客，乘警应对其采取强制约束措施，制止其危害行为。

④ 按章处置。列车长应编制客运记录，由乘警、同行人共同协助移交到站或换乘站处理。对于无人护送的精神异常旅客，由乘警、看护人员共同协助移交到站或换乘站处理。

a. 如果有条件，列车长应提前与车站取得联系，简要介绍发病旅客情况。若有必要，列车长应通知车站加派人手，以便安全顺利地与车站进行交接。

b. 列车到站后，列车和车站交接过程中一定要谨慎，看护人员及乘警应监控到位。对于情绪依然失控或暴躁的病人，可不解除束缚，以防发生意外，待记录交接等手续办完后，方可将旅客交给车站。

铁路快讯

旅客在列车上抛撒百元钞票

某日上午 10 时 30 分，在××次列车上两名乘警在巡视中发现，8 号车厢的一名旅客正站在座位上，将随身携带的大量百元钞票在车厢里抛撒。凭着多年的工作经验，两名乘警判断这名旅客可能突发精神异常，于是对其进行了妥善安排，使得该旅客半年来的血汗钱失而复得并最终安全返家。

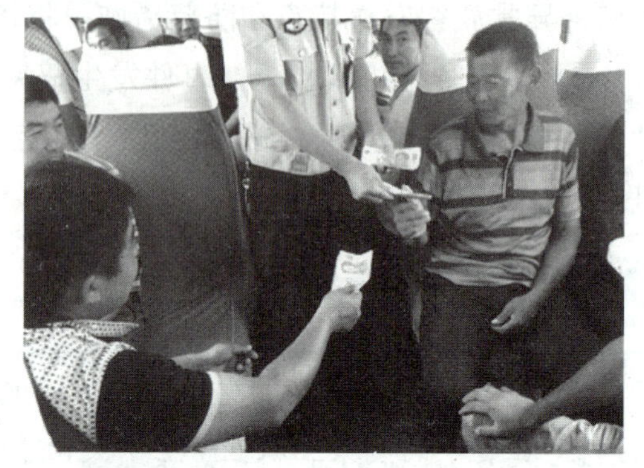

（资料来源：http://www.piaoliang.com/zixun/zixun/76111/）

2.8.3　列车发现危险品事件安全管理与应急处理

危险品是指易燃易爆、具有腐蚀性或放射性的物品，以及枪支、管制器具等可能危害公共安全的物品。旅客携带危险品乘车时，震动、冲击、摩擦或遇明火等原因都有可能造成危险品的燃烧、爆炸等，可能引发人身伤害、财产损失。

1. 列车发现危险品事件的预防控制

为了避免旅客携带危险品上车，铁路相关部门不仅应加大安全检查力度，还要加强危险品相关知识的宣传，从源头上消除安全隐患。

知识加油站

查堵危险品上车的措施

宣：宣传危险品的危害性及检查危险品的重要性。

看：看旅客携带品的外观和旅客的神态。

闻：闻旅客携带品有无气味。

问：问旅客携带品的情况。

摸：摸旅客携带品的外形。

检：请乘警开包检查旅客携带品。

2. 列车发现危险品事件的应急处理

当发现危险品时，列车相关工作人员应立即进行应急处理，具体如下。

① 立即报告。乘务员在列车上发现可疑或无人认领的物品时，应立即报告列车长、乘警，请其到场处理。

② 调查处理。列车长、乘警接到报告后，应立即赶往现场查明情况。查出的危险品应由乘警妥善保管。列车长、乘警应详细登记携带危险品旅客的姓名、身份证号、家庭住址、工作单位及危险品的名称、数量等，收集不少于2份目击证人的旁证材料。

a. 若发现发令纸、鞭炮、烟花等物品，则应立即用水浸泡。

b. 若所查获的旅客携带容器破碎、易燃液体流出，乘务员应立即动员旅客熄灭一切火种，及时打开车窗通风，并将溢出的易燃液体清除干净，妥善处理剩余易燃液体。

c. 若判别不了所查获危险品的性质，严禁在车上进行试验。

③ 按章移交。将列车上发现的危险品交前方停车站处理。若车站设有公安派出所，应由乘警按站车交接程序向公安派出所移交；若车站不设公安派出所，则由列车长编制客运记录，移交车站处理。

应对铁路客流激增，推行人性化服务

在清明小长假首日，长三角铁路客流迅速攀升，中国铁路上海局集团有限公司（简称上局）预计客发量超300万人次。4月2日，上局实际发送旅客264.2万人次，本年客发量首次突破260万人次。

上海客运段针对清明小长假期间老年旅客出行增多等情况，在京沪高铁列车上，首次面向70周岁以上老人及残障人士，推出“应急呼叫服务”。符合条件的旅客入座后，将收到乘务员配送的应急呼叫器。旅客按铃后，乘务员将在2分钟内赶到座位，提供应急救护、协助如厕、跑腿代买等服务。

苏州站、苏州北站、昆山站、昆山南站等车站在站区设置老年旅客服务点，为老年旅客提供人工验票等专项服务。

上海客运段以旅客需求为工作中心，利用现代化平台，结合人性化服务，创新铁路服务方式，方便更多旅客安全出行。

（资料来源：http://news.youth.cn/hotnews_41880/202104/t20210403_12827822.htm）

 任务实施 1——列车发生抢劫事件应急处理模拟演练

1. 任务描述

根据下列情景或自行设置情景，采用分角色扮演法进行抢劫事件的应急处理模拟演练。

情景：××××年××月××日，××次列车在××站和××站之间运行时，列车2号车厢突然有2人持刀将7C号座席旅客挟持，并对周围旅客进行威胁："打劫，都不准动，把钱拿出来！"旅客见状惊慌失措。

2. 任务目标

① 掌握列车发生抢劫事件的应急处理方法。

② 培养和提高学生对列车发生抢劫事件的应急处理能力。

3. 任务准备

① 场地：应急处理模拟演练实训场地。

② 角色：乘务员若干，旅客若干，列车长1名，乘警1名，客运调度1名，军警人员2名，广播员1名，红十字救护员1名。

③ 道具：对讲机若干，医药箱1个。

4. 任务流程

① 将全班学生分成若干组，每组12～15人。

② 每组根据所给情景或自行设置情景，编写演练脚本，并据此反复进行预演，逐步完善，同时将小组名称、演练过程等填入表2-13中。

③ 各小组分别进行汇报演练。

④ 汇报演练结束后，各小组互评，教师对各小组的汇报演练进行点评，指出演练中存在的问题。教师可按表2-13给各小组评分。

表 2-13　列车发生抢劫事件的应急处理模拟演练表

小组名称	
演练过程	

（续表）

演练评分	是否积极参与（20 分）	
	整体组织指挥是否协调（20 分）	
	岗位分工是否明确（20 分）	
	内容是否准确、完整（20 分）	
	表达是否流畅、清晰和得体（20 分）	
	总分（100 分）	
存在的问题		

5. 演练脚本

列车发生抢劫事件的演练脚本示例如下。

（××××年××月××日，××次列车在××站和××站之间运行时，列车 2 号车厢内突然有 2 人持刀将 7C 号座席旅客挟持，并对周围旅客进行威胁："打劫，都不准动，把钱拿出来！"旅客见状惊慌失措。2 车乘务员得知后，立即向列车长报告，请求救援。）

2 车乘务员："报告列车长，有 2 人将 2 号车厢 7C 号座席旅客挟持，并抢夺周围旅客财物，请立即组织救援。"

列车长："收到。"

（列车长通知乘警赶赴现场，通知广播员广播寻找军警人员参与救援。）

列车长："××次乘警，2 号车厢有 2 人将 7C 号座席旅客挟持，并抢夺周围旅客财物，请立即赶赴现场救援。"

乘警："收到。"

列车长："××次广播员，2 号车厢有 2 人将 7C 号座席旅客挟持，并抢夺周围旅客财物，请广播寻找军警人员参与救援。"

广播员："收到。"

广播员："旅客朋友们，现在紧急播报，列车 2 号车厢有 2 人挟持了一名旅客，并抢夺车内旅客财物，如果您是军警人员，请迅速赶往 2 号车厢，与列车工作人员共同打击犯罪行为，谢谢大家。"

（列车长向客运调度报告，请求救援。）

列车长："客运调度，我是××次列车长，列车在××站和××站之间运行时，车内 2 号车厢有 2 人持刀将一名旅客挟持，并抢夺车内旅客财物，目前已经组织乘警、工作人员赶往现场。现列车即将到达××站，请求救援。”

客运调度：“收到，请尽量与犯罪分子拖延时间，保护好现场旅客安全，我们立即出警处理。”

列车长：“收到。”

（列车长、乘警、乘务员等先后到达现场后，列车长通知2号车厢及相邻车厢乘务员立即组织周围旅客疏散，并做好疏散引导和安全防护工作，乘警与犯罪分子进行对峙，劝说犯罪分子释放被挟持的旅客，认清事件性质，主动投案自首，争取宽大处理。）

乘务员：“各位旅客，请立即跟随我们工作人员快速疏散至安全地点，望大家配合。”

（一名犯罪分子恼羞成怒，持刀在挟持的旅客脸颊部位划了一道伤口，出血较多，并让列车工作人员让开道路。这时，又有2名军警人员赶到2号车厢，配合乘警、列车长等将 2 名犯罪分子围堵在车厢中间，切断其退路。犯罪分子见已无法脱身，终于放下凶器，释放挟持人员，束手就擒。随后，列车长向列车客运调度报告情况。）

列车长：“客运调度，我是××次列车长，车内 2 名犯罪分子已被制服，被挟持旅客脸颊部位有一道伤口，出血较多。”

客运调度：“收到，请立即对受伤旅客进行救治，封锁事故现场，将犯罪分子抢劫的财物归还旅客，安抚旅客。”

列车长：“收到。”

（列车长通知红十字救护员对受伤旅客进行初步处理，通知广播员广播寻找医务工作者到场协助救治，组织乘务员引导疏散的旅客返回各自的席位，做好安抚工作，稳定旅客情绪。）

…………

任务实施2——列车发现精神异常旅客乘车应急处理模拟演练

1. 任务描述

根据下列情景或自行设置情景，采用分角色扮演法进行列车发现精神异常旅客乘车的应急处理模拟演练。

情景：××××年××月××日，××次列车在××站和××站之间运行时，5 车乘务员发现 9A 号座席旅客突发情绪烦躁、六神无主、自言自语等异常情况，且无同行人。

2. 任务目标

① 掌握列车发现精神异常旅客乘车的应急处理方法。

② 培养和提高学生对列车发现精神异常旅客乘车的应急处理能力。

3. 任务准备

① 场地：应急处理模拟演练实训场地。

② 角色：乘务员若干，旅客若干，列车长 1 名，乘警 1 名，红十字救护员 1 名，客运调度 1 名。

③ 道具：对讲机若干，医药箱 1 个。

4. 任务流程

① 将全班学生分成若干组，每组 8～10 人。

② 每组根据所给情景或自行设置情景，编写演练脚本，并据此反复进行预演，逐步完善，同时将小组名称、演练过程等填入表 2-14 中。

③ 各小组分别进行汇报演练。

④ 汇报演练结束后，各小组互评，教师对各小组的汇报演练进行点评，指出演练中存在的问题。教师可按表 2-14 给各小组评分。

表 2-14 列车发现精神异常旅客乘车的应急处理模拟演练表

小组名称		
演练过程		
演练评分	是否积极参与（20 分）	
	整体组织指挥是否协调（20 分）	
	岗位分工是否明确（20 分）	
	内容是否准确、完整（20 分）	
	表达是否流畅、清晰和得体（20 分）	
	总分（100 分）	
存在的问题		

5. 演练脚本

列车发现精神异常旅客乘车的演练脚本示例如下。

（××××年××月××日，××次列车在××站和××站之间运行时，5车乘务员发现9A号座席旅客突发情绪烦躁、六神无主、自言自语等异常情况，立即向列车长报告。）

5车乘务员："报告列车长，5车9A号座席旅客突发精神异常情况，请立即到场处理。"

列车长："收到。"

列车长："××次乘警，5车9A号座席旅客突发精神异常情况，请立即到场处理。"

乘警："收到。"

（列车长、乘警到场后，确认精神异常旅客无同行人，将精神异常旅客及其携带品安排在乘务室内，稳定旅客情绪，查验车票证件，确认旅客身份，关注旅客动向。随后，列车长向客运调度报告情况。）

列车长："客运调度，××次列车在××站和××站之间运行时，5车9A号座席旅客突发精神异常情况，我们已经将该旅客安排在车厢乘务室内，并对其携带品和周围物品进行了全面检查，没有发现利器、钝器等可能造成人身伤害的物品。该旅客持有本次列车有效车票，乘车区间为××站至××站，现由乘警和乘务员全程照顾，目前旅客情绪稳定，特此报告。"

客运调度："收到，请高度关注精神异常旅客动态，切实做好服务工作，确保安全将旅客运送到目的地，如有新情况请及时报告。"

列车长："收到。"

（到站时，列车长编制客运记录，将旅客移交车站。在移交过程中，乘警全程参与交接工作。办理完交接后，列车长立即向客运调度报告。）

列车长："客运调度，××次列车长会同乘警将精神异常旅客安全移交××站，该旅客一路情绪平稳，特此报告。"

客运调度："收到。"

…………

任务实施3——列车发现危险品应急处理模拟演练

1. 任务描述

根据下列情景或自行设置情景，采用分角色扮演法进行发现危险品的应急处理模拟演练。

情景：小王是一名列车乘务员。春运期间，小王在列车运行过程中巡视车厢、检查旅客携带品时，发现一名旅客带了一包烟花上车。

2. 任务目标

① 掌握列车发现危险品的应急处理方法。

② 培养和提高学生对列车发现危险品的应急处理能力。

3. 任务准备

① 场地：应急处理模拟演练实训场地。

② 角色：乘务员若干，旅客若干，列车长 1 名，乘警 1 名。

③ 道具：对讲机若干。

4. 任务流程

① 将全班学生分成若干组，每组 8～10 人。

② 每组根据所给情景或自行设置情景，编写演练脚本，并据此反复进行预演，逐步完善，同时将小组名称、演练过程等填入表 2-15 中。

③ 各小组分别进行汇报演练。

④ 汇报演练结束后，各小组互评，教师对各小组的汇报演练进行点评，指出演练中存在的问题。教师可按表 2-15 给各小组评分。

表 2-15　列车发现危险品的应急处理模拟演练表

<table>
<tr><td>小组名称</td><td colspan="2"></td></tr>
<tr><td>演练过程</td><td colspan="2"></td></tr>
<tr><td rowspan="6">演练评分</td><td>是否积极参与（20 分）</td><td></td></tr>
<tr><td>整体组织指挥是否协调（20 分）</td><td></td></tr>
<tr><td>岗位分工是否明确（20 分）</td><td></td></tr>
<tr><td>内容是否准确、完整（20 分）</td><td></td></tr>
<tr><td>表达是否流畅、清晰和得体（20 分）</td><td></td></tr>
<tr><td>总分（100 分）</td><td></td></tr>
<tr><td>存在的问题</td><td colspan="2"></td></tr>
</table>

5. 演练脚本

列车发现危险品的演练脚本示例如下。

（××××年××月××日，××次列车在××站和××站之间运行时，5车乘务员在巡视车厢过程中，发现一名旅客带了一包烟花上车，乘务员立即向列车长报告。）

5车乘务员：“报告列车长，我在5号车厢发现一名旅客带了一包烟花上车，请立即到场处理。”

列车长：“收到。”

列车长：“××次乘警，5号车厢的一名旅客带了一包烟花上车，请立即到场处理。”

乘警：“收到。”

（列车长、乘警先后到达现场后，询问旅客具体情况。）

列车长：“您好，我们有规定乘坐高铁是不能携带易燃易爆等危险品上车的，烟花属于危险品，我们要没收的。”

旅客：“好的，我之前不知道坐火车不能携带烟花，以后不会带了。”

列车长：“您还有没有携带其他危险品上车呢？”

旅客：“没有了。”

（列车长、乘警没收了烟花，将其用水浸泡处理，并详细登记了携带危险品旅客的姓名、身份证号、家庭住址、工作单位及危险品的名称、数量等，收集了3份目击证人的旁证材料。到达最近的停车站后，乘警将没收的烟花移交给了车站派出所。）

…………

榜样力量

努力防止疫情借铁路交通扩散

王开林是中国铁路成都局集团有限公司贵阳疾病预防控制中心办公室主任，自疫情发生以来，他尽心尽责扛起铁路疾控人的使命担当，全身心投入疫情防控工作中。

① 迅速落实上级部署。王开林牵头起草“疫情防控工作安排”，建立防控办工作机制，协助制订疫情防控应急处置预案、技术方案、工作指南，充分发挥防控办指挥中心的功能。

② 筑牢后勤保障“围墙”。王开林带领后勤保障组，按上级要求立即启动应急采购程序，积极联系供应商，使物资采购渠道畅通，严格执行应急和常态化疫

情防控物资采购管理规定，采购4类37种防疫物资，牵头制定《贵阳疾控所疫情防控物资采购、使用、发放管理办法（试行）》，严格执行配置标准，严格履行领用审批程序，完善疫情防控物资管理台账，保障了疫情防控物资供应。

③ 做好应急处置工作。王开林指导并参与贵州铁路客运单位向地方医疗机构移交列车发热旅客，组织开展车站和列车的应急消毒，密切联系有关部门，跟踪发热旅客的就诊结果和处置情况，按规定排查确诊病例和疑似病例的密切接触者，指导相关单位落实隔离医学观察等防控措施，有效防止疫情借铁路交通工具扩散。

"作为一名中共党员，在疫情面前迎难而上、冲锋在前、勇挑重担是履行党员义务的现实表现。作为一名卫生防疫专业技术人员，在疫情面前保护人民生命健康是履行职责的使命担当。"王开林表示，"我们要坚定不移地贯彻党中央和省委省政府的决策部署，以更实举措抓好'外防输入、内防反弹'，以更强担当落实防疫责任，补短板、堵漏洞、强弱项，为防止疫情借铁路交通工具扩散做出新的更大贡献。"

（资料来源：http://gz.people.com.cn/n2/2021/0118/c400058-34533337.html）

项目学习效果综合考核

1. 填空题

（1）当列车晚点超过__________分钟时，列车长应通过广播向旅客致歉，说明晚点原因和预计晚点时间。广播时应严格按照规定的通报用语，每次广播间隔时间不得超过__________分钟。

（2）包裹在中途被阻，托运人要求变更到站，补收或退还______________________。

（3）重点旅客是指________、________、________、________、________旅客。

（4）动车组列车空调失效，且列车不能维持运行时，列车长应及时与__________、__________沟通，视情况做出打开车门的决定。

（5）当随车机械师确认故障车门不能及时修复时，列车长应立即组织工作人员设置__________，必要时加装__________。

（6）发生________人以上食物中毒时，列车长应及时向前方停车站通报，并向段调度室和铁路局客运调度汇报。

（7）_____________________是指在铁路运输过程中，由于各种原因导致旅客摔伤、挤伤、砸伤、突发心脏病等。

（8）建立健全安全岗位责任机制，按照“________________”的原则，从单位领导到基层工作人员，逐级分解，层层落实，明确各岗位人员职责和分工。

（9）对于严重危害本人或者他人安全的精神异常旅客，乘警应采取____________，制止其危害行为。

（10）查堵危险品上车的措施有________、看、________、________、________、检。

2. 判断题

（1）线路中断，组织行李、包裹绕道运输时，到站应根据发站至到站新里程加上被阻日数计算运到期限。（　　）

（2）对由于线路、动车组重联等无法实现各车厢车门对位时，应使用应急梯。（　　）

（3）当列车突发重大疫情时，列车工作人员应组织就近隔离，但是要紧急疏散其他旅客，封锁已经污染或可能污染的区域。（　　）

（4）若不能排除旅客中毒是列车供应食品所致，则应立即停止列车食品供应，通知已购买该食品的旅客，但可不必追回。（　　）

（5）列车发生旅客人身伤害时，列车工作人员不用到场查看旅客伤害情况，但是要报告列车长，由列车长组织救护，稳定旅客情绪，维护现场秩序。（　　）

（6）对病情严重或紧急的旅客，列车长要通过客运调度联系前方车站急救，并做好交接准备工作。（　　）

（7）对无同行人的精神异常旅客，列车长应指派专人进行看护。（　　）

（8）列车发现旅客携带危险品，应由列车长负责对危险品进行妥善处理。（　　）

3. 简答题

（1）为了避免出现列车晚点，应采取哪些预防措施？

（2）当发生列车晚点时，应如何进行应急处理？

（3）线路中断后应如何安排被阻旅客？

（4）动车组列车正常运行时，若发生空调失效，应如何进行应急处理？

（5）当动车组列车断电时，应如何进行应急处理？

（6）为了避免列车发生火灾事件，应采取哪些预防措施？

（7）列车发生火灾需疏散旅客时，应遵循哪些原则？

（8）为了避免列车突发重大疫情，应采取哪些预防措施？

（9）当发生旅客人身伤害时，应如何进行应急处理？

（10）列车突发治安事件的应急处理流程有哪些？

（11）精神异常旅客主要有哪些特点？

（12）为了避免旅客出现精神异常，应采取哪些预防措施？

（13）当列车发现危险品时，应如何进行应急处理？

项目 3　车站安全管理与应急处理

车站作为铁路运输中旅客集散和乘降的重要区域，客流量大，人员成分复杂，一旦发生突发事件，必然会影响车站的正常运营秩序，甚至会影响全线的运营，同时也会给旅客的安全出行带来不同程度的影响。因此，车站工作人员必须要熟练掌握车站各类突发事件的应急处理方法，尽可能将影响降到最低。

本项目主要介绍了车站安全管理与应急处理的相关知识，具体包括车站应对列车大面积晚点，车站突发大客流，车站发生火灾事件，客票系统故障，车站突发重大疫情，车站旅客人身伤害及突发伤、急病事件，车站安全综治事件等的安全管理与应急处理。

知识目标

（1）掌握车站应对列车大面积晚点的预防控制与应急处理方法。

（2）掌握车站突发大客流的预防控制与应急处理方法。

（3）掌握车站发生火灾事件的预防控制与应急处理方法。

（4）掌握客票系统故障的预防控制与应急处理方法。

（5）掌握车站突发重大疫情的预防控制与应急处理方法。

（6）掌握车站旅客人身伤害及突发伤、急病事件的预防控制与应急处理方法。

（7）掌握车站安全综治事件的预防控制与应急处理方法。

能力目标

（1）能够进行车站各种非正常情况的应急处理。

（2）具备将车站安全管理与应急处理的理论知识应用于实践的能力。

素质目标

（1）弘扬投入国家建设的爱国精神，树立勇担时代使命的奋斗意识。

（2）提高对突发问题的分析判断能力。

（3）加强安全操作、团队协作的意识。

任务 3.1 车站应对列车大面积晚点安全管理与应急处理

引导案例——车站应对列车大面积晚点

某日，突如其来的暴雨、冰雹使岳阳、赤壁的京广铁路列车运行受到影响。为了安全起见，途经京广线岳阳和赤壁100多千米路段的列车限速为60 km/h，导致了列车大面积晚点。

图 3-1　车站售票厅

由于列车大面积晚点，某站售票厅挤满了退票和改签的旅客（见图 3-1），候车室内的旅客越来越多，就连一楼与二楼之间的楼梯通道上，也坐满了旅客。为了应对列车大面积晚点造成的不便，车站增加了4个退票窗口和4个改签窗口，免费为旅客提供退票服务。4日下午，京广线岳阳和赤壁段才逐步恢复了正常。

思考：造成列车大面积晚点的原因有哪些？车站工作人员应如何应对列车大面积晚点？

（资料来源：http://news.sina.com.cn/o/2015-04-05/111531683709.shtml）

知识储备

一旦出现列车大面积晚点，大量旅客会滞留在车站，旅客的安全、饮食、情绪等各种问题都需要车站来解决，车站各岗位人员必须协同合作、积极应对。

3.1.1　车站应对列车大面积晚点的预防控制

为了避免出现列车大面积晚点的情况，铁路相关部门应采取有效的预防控制措施，具体同项目2任务2.1的列车晚点的预防控制，在此不再赘述。

3.1.2　车站应对列车大面积晚点的应急处理

发生列车大面积晚点时，车站相关工作人员应立即采取应急处理措施，具体如下。

① 车站在接到列车大面积晚点的报告后，要立即组织客运人员、公安人员迅速到岗，加强对旅客的广播宣传，安抚旅客，稳定其情绪，维护车站秩序。

资料卡

列车大面积晚点的报告内容：晚点车次、晚点时间、晚点原因、旅客滞留情况，以及报告部门、报告人、联系方式等。

② 车站要加强与路局客票所的联系和沟通，及时了解列车晚点情况，加强售票窗口力量，做好旅客退票、改签工作，并适当控制车票的发售。

强降雨致使列车停运、晚点，车站积极应对

③ 车站要合理调配候车力量，加强对车站相关安全设备的控制，防止因旅客大量滞留而发生挤伤、踩踏事故。

④ 客运值班员应及时联系晚点列车的列车长，了解车上旅客情绪和重点旅客情况，以及下车人数；联系客运计划室了解晚点列车上车人数。晚点列车到站时，客运人员、公安人员应到站台接车，组织旅客有序下车，并做好旅客安抚、解释工作。

⑤ 车站要根据晚点动车组列车提供免费食品的规定，做好对旅客的应急供应工作。

⑥ 线路恢复运行后，车站要加强检票口作业力量，及时调整自动检票闸机检票计划，在确保旅客上车的基础上，合理均衡地做好列车旅客的换乘、转运工作。

铁路快讯

驻马店站开展列车大面积晚点应急演练

某日，河南驻马店站组织开展了一场“旅客列车因暴雨导致线路受阻大面积晚点”的应急演练。演练现场，车站工作人员模拟 K82 次列车在湖南长沙到岳阳区间遇暴雨，其运行线路受阻，造成列车晚点 200 分钟，如图 3-2 所示。车站合理地分配了任务，积极与旅客沟通，与列车长做好交接，确保列车到站期间旅客乘降工作安全顺利进行。

通过此次演练，驻马店站客运工作人员在列车发生大面积晚点事件中能按规定程序进行应急处理，有效检验了应急演练预案的有效性、实用性，加强了现场各岗位人员的执行能力，做到有序应对、及时汇报、正确处置，为旅客列车在实际运行中的安全、平稳、有序打好基础。

图 3-2 列车晚点 200 分钟

（资料来源：https://www.sohu.com/a/324095250_99947521）

 任务实施——车站应对列车大面积晚点应急处理模拟演练

1. 任务描述

① 阅读下面给出的案例。

案例一：××站旅客列车大面积晚点应急处理演练

为了应对大面积降雨等极端天气造成的旅客列车大面积晚点，确保旅客安全、方便出行，某日，江苏××站组织开展了旅客列车大面积晚点应急处理演练。车站各岗位人员以还原现场实景的方式密切配合，按照应急流程，模拟了接到晚点通知，发布列车信息，组织引导旅客，开启应急退票、改签窗口等应急作业，有效地提高了车站人员应对列车大面积晚点的应急处理能力。

（资料来源：https://www.meipian.cn/971embu）

案例二：××站列车大面积晚点，大量旅客滞留

图 3-3 旅客滞留候车室

某日下午，××站出现列车大面积晚点情况，大量旅客滞留于候车室，如图 3-3 所示。车站的电子显示屏滚动播报晚点信息，晚点车次较多，且大量车次晚点 1 小时左右，许多旅客办理了退票手续。

据悉，造成列车大面积晚点的原因是从北京南开往某地的一列车行驶到河北沧州段时出现了故障。

（资料来源：https://www.sohu.com/a/232997426_100109072）

② 请选择上述情景之一或自行设置情景，采用分角色扮演法进行车站应对列车大面积晚点的应急处理模拟演练。

2. 任务目标

① 掌握车站应对列车大面积晚点的应急处理方法。

② 培养和提高学生对车站应对列车大面积晚点的应急处理能力。

3. 任务准备

① 场地：应急处理模拟演练实训场地。

② 角色：旅客若干，售票员 1 名，售票值班员 1 名，公安人员 2 名，值班站长 1 名，客运值班员 1 名，广播员 1 名，行车调度员 1 名。

③ 道具：对讲机若干，手持扬声器若干。

4. 任务流程

① 将全班学生分成若干组，每组 12～15 人。

② 每组根据所给情景或自行设置情景，编写演练脚本，并据此反复进行预演，逐步完善，同时将小组名称、演练过程等填入表 3-1 中。

③ 各小组分别进行汇报演练。

④ 汇报演练结束后，各小组互评，教师对各小组的汇报演练进行点评，指出演练中存在的问题。教师可按表 3-1 给各小组评分。

表 3-1　车站应对列车大面积晚点应急处理模拟演练表

小组名称		
演练过程		
演练评分	是否积极参与（20 分）	
	整体组织指挥是否协调（20 分）	
	岗位分工是否明确（20 分）	
	内容是否准确、完整（20 分）	
	表达是否流畅、清晰和得体（20 分）	
	总分（100 分）	

（续表）

存在的问题	

5. 演练示例

上述案例一中，车站应对列车大面积晚点的演练示例如下。

演练前，班组长组织学习演练脚本。车站领导说明应急演练程序，明确各岗位人员的工作任务。应急演练由此拉开序幕。

① 售票值班员接到晚点通知后，及时与行车室联系，了解列车晚点情况，并将晚点列车、售票及改签等情况向车站领导汇报。

② 广播员接到领导指示后，播报列车晚点信息并向旅客致歉，每隔半小时播报一次，如图 3-4 所示。

③ 售票厅开启售票、退票及改签专窗，为滞留旅客做好服务工作。客运值班员在售票厅维持秩序，用手持扬声器宣传、引导旅客办理业务，如图 3-5 所示。

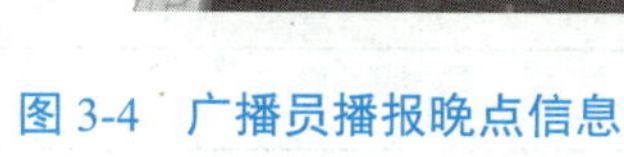
图 3-4　广播员播报晚点信息

图 3-5　引导旅客办理业务

④ 实名制验证岗工作人员和车站公安人员一起向部分情绪较为激动的旅客进行解释，并引导其办理退票、改签手续。

⑤ 客运值班员加强对候车室的巡视，利用手持扬声器广播晚点信息，引导旅客办理退票、改签手续，如图 3-6 所示。

⑥ 服务台人员耐心地做好解释工作，安抚旅客，稳定其情绪，如图 3-7 所示。

图 3-6　客运值班员通知晚点信息

图 3-7　服务台人员耐心地向旅客解释

⑦ 为避免旅客情绪激动，客运值班员和公安人员一起在站台组织旅客乘降，确保旅客安全出行，如图 3-8 所示。

演练结束后，车站领导对演练情况进行总结，提出要进一步加快反应速度，加强各部门、各岗位的沟通与协调，抓好各应急关键环节，确保应急工作安全、有序、高效地开展，如图 3-9 所示。

图 3-8　组织旅客乘降

图 3-9　演练结束

任务 3.2　车站突发大客流安全管理与应急处理

引导案例——车站应对突发大客流

某日，甘肃省部分地区出现降雪，导致前往甘肃省东部地区的客车停运，耽误了数千名旅客出行。因此，大批原本打算乘客车出行的旅客涌入附近车站，致使铁路运输压力骤增。

为了有效疏散旅客、提高运输效率、缓解旅客出行压力，车站启动了“突发大客流应急预案”，调动所有工作人员上岗。车站采取了加大通过列车的席位复用率、加强客运组织等措施，有效疏散、运送了部分因客车停运而滞留的旅客。

思考：当车站突发大客流时，车站人员应如何应对？

（资料来源：http://news.sohu.com/20100211/n270204002.shtml）

知识储备

通常情况下，当车站客流量达到车站容纳量的70%以上时，即认为车站发生大客流。车站作为旅客集散地，常因节假日、季节性客流波动、恶劣天气、设备故障等出现旅客大规模聚集现象。若未能及时有效应对突发大客流，车站极易发生踩踏、意外伤害、财产损失等事故。

因此，车站突发大客流时，客运组织的各个环节都将面临各种考验，车站工作人员应保证旅客购票、验票、候车、检票等各个环节安全、有序地进行，以防发生事故。

3.2.1 车站突发大客流的预防控制

为了避免车站突发大客流，铁路相关部门应采取有效的预防控制措施，具体如下。

① 加强媒体宣传。车站可利用广播、宣传栏、电子显示屏、官方微博等多种媒体，向旅客宣传错峰出行、更改出行方式等。

② 建立车站安全引导标志，在事故多发地设置醒目的警示牌，定期检查、维护电子显示屏等指示设备。

③ 加强车站乘降组织，如在原有候车的基础上增加临时候车点、缓解候车室压力，预先组织旅客去站台等候。

知识加油站

旅客乘降安全风险防控措施

a. 车站。

车站应按规定售票，无超范围售票。若售票口排队超过20人，必须增开应急窗口。候车室聚集人数超过最高限制，应实施分段放行。

加强票、证、人一致性核验，提升人防、技防能力，禁止信息不一致旅客进站。

根据客流量和站场条件，确定动车组检票时间，列车检票时间原则上不晚于开车前15分钟，停检时间不晚于开车前5分钟，应保证旅客快速进站乘车，不得出现下车与上车旅客对流的情况。

重点检查、清理站台闲杂人员；站台、地道的旅客无对流现象；列车开车铃响后，无侵越安全线的现象；列车进出站时无随车奔跑的现象；站内无旅客横越线路现象；遇雨雪天气，车站应采取防滑措施，做好防滑宣传工作；同一站台有同时进行乘降作业的动车组列车和其他旅客列车时，车站工作人员应加强站台组织和宣传，防止旅客误乘。

b. 列车。

列车到站前，列车长要及时向客运值班员了解客流情况，迅速组织旅客快速乘降，确认乘降完毕后再登车。

列车超员时，及时拍发电报，组织旅客提前做好下车准备。列车停稳后，组织旅客快速下车，做好车门口旅客乘降组织工作，防止出现旅客对流情况。

列车停靠高站台作业时，必须使用乘降渡板和安全警示带进行防护。

遇到雨雪天时，要及时清除风挡、车梯上的积雪、积冰，提醒旅客，防止滑倒摔伤，并做好扶老携幼工作。

对于编组、站停、时刻调整及临客、新开行的列车，担当车队要结合实际制订、修改作业程序，并做好调整前的培训准备工作。

3.2.2 车站突发大客流的应急处理

车站突发大客流时，车站相关工作人员应立即采取应急处理措施，具体如下。

① 车站要及时了解产生大客流的原因、规模、可能持续的时间，利用广播系统做好宣传工作，及时组织人员疏散旅客。

课堂小剧场

假如你是一名车站客运人员，当车站候车室拥挤不堪，旅客抱怨四起时，你该如何进行安抚、引导？请进行现场模拟。

② 车站应立即组织人员维护车站秩序，并通知铁路公安部门增派警力、协助维护车站秩序。必要时，车站应请求地方政府、公安部门给予支援，同时向上级主管部门报告。

③ 车站要加强与路局客票所的联系和沟通，及时了解售票情况，增开售票、退票、改签窗口，并维护好售票厅秩序；增开进站验票口，照顾重点旅客。

图 3-10　加强乘降组织

④ 车站应加强候车组织，若候车室压力过大，可在候车室适当位置开辟临时候车区，派专人盯控，或将旅客提前带至站台候车，或采取“以车代候”的方式，即提前打开列车车门，让旅客在车厢内等候。此外，车站应加强乘降组织，安排专人在重点部位引导旅客，确保旅客上下车的安全，如图 3-10 所示。

⑤ 铁路局应增加运输设备、加强调配能力，如组织加开列车，与地方政府联系增加公路班次，及时疏散客流。

⑥ 车站应与地方政府协调，利用电视、广播、报纸等媒体广泛宣传，引导旅客理性选择出行交通工具。

铁路快讯

暴雨来袭，车站全力应对突发大客流

某日上午 10 时，××站接到暴雨黄色预警后，立即启动防洪应急预案，通知站区工务、电务、供电等设备管理单位分别召开西成高速铁路、普速暴雨黄色预警会议，提前做好雨情搜集、通报工作，以及雨量达到警戒值时出巡、限速及封锁相关准备，以确保旅客列车绝对安全。

该站安排专人在综控室紧盯作业计划，核对确认接车股道、站台等信息，及时发布列车晚点信息。为满足旅客退改签需要，该站还加开了窗口，并将 8 个人工窗口调整为改签、换票、购票全功能窗口，1 个窗口为退票专口，同时还安排专人在售票厅做好售票咨询服务。

当日，××站室外暴雨如注，室内人潮涌动。对此，该站应急小组迅速赶到售票口、验证口、电梯口、检票口、站台等关键地点，及时做好旅客咨询、安抚及宣传引导工作，增强旅客运输组织力量，同时积极推行“汉水情”亲情服务，为重点旅客提供站车爱心交接、丢失物品查找等服务项目。该站在倾力做好本站大客流应对的情况下，还主动与在途列车保持信息畅通，随时了解列车上食品供给情况，协调为多趟动车组列车送上面包、火腿等食品（共计 900 余份），及时帮助解决了车上旅客的需求。

面对强降雨天气和全国铁路大调图过渡期的双重考验，该站精心组织，全员齐心协力，不仅保证了行车安全畅通，还确保了旅客平安出行。

（资料来源：http://www.cnr.cn/sxpd/pp/yl/20180703/t20180703_524290137.shtml）

任务实施 1——车站突发大客流应急处理模拟演练

1. 任务描述

根据下列情景或自行设置情景，采用分角色扮演法进行车站突发大客流的应急处理模拟演练。

情景：十一期间，某城市车站突发大客流，站内客流量已大大超过车站自身的承受能力。随着时间的推移，旅客仍源源不断地涌向车站。

2. 任务目标

① 掌握车站突发大客流的应急处理方法。

② 培养和提高学生对车站突发大客流的应急处理能力。

3. 任务准备

① 场地：应急处理模拟演练实训场地。

② 角色：旅客若干，客运员 3 名、客运值班员 1 名、公安人员 2 名、广播员 1 名。

③ 道具：对讲机若干，手持扬声器若干。

4. 任务流程

① 将全班学生分成若干组，每组 8～10 人。

② 每组根据所给情景或自行设置情景，编写演练脚本，并据此反复进行预演，逐步完善，同时将小组名称、演练过程等填入表 3-2 中。

③ 各小组分别进行汇报演练。

④ 汇报演练结束后，各小组互评，教师对各小组的汇报演练进行点评，指出演练中存在的问题。教师可按表 3-2 给各小组评分。

表 3-2　车站突发大客流应急处理模拟演练表

小组名称	
演练过程	

（续表）

演练评分	是否积极参与（20 分）	
	整体组织指挥是否协调（20 分）	
	岗位分工是否明确（20 分）	
	内容是否准确、完整（20 分）	
	表达是否流畅、清晰和得体（20 分）	
	总分（100 分）	
存在的问题		

5. 演练示例

车站突发大客流的演练示例如下。

（××××年××月××日，××站突发大客流，站内客流量已大大超过车站自身的承受能力。随着时间的推移，旅客仍源源不断地涌向车站。对此，××站立即启动了车站突发大客流应急预案。）

场景一：分段放客进站。派出所公安人员及新增警力在进站口设置隔离带，疏导拥堵人群，维护秩序。车站客运员视人流情况，分时段让旅客进站候车。例如，在两个进站高峰时段组织旅客进站候车，即 10～12 时组织九趟列车旅客进站候车；16～17 时组织六趟列车旅客进站候车。客运员及增援人员携带扬声器引导旅客，广播员加强对分时段候车车次的广播工作。

场景二：组织旅客进站候车。在 12 候车室 2 检票口，组织乘坐 G××次列车的旅客检票进站，在 1 站台候车，加强对车次的广播宣传。在自动扶梯等关键部位增加人员进行监控、引导。G××次列车的广播宣传语如下。

“旅客们，由太原南开往北京西方向的 G××次列车已经开始检票了，有乘坐 G××次列车的旅客，请您整理好自己携带的行李物品，到 2 检票口检票，1 站台上车。”

“旅客们，由太原南开往××方向的 G××次列车正在检票，有乘坐 G××次列车的旅客，请您到 2 检票口检票，1 站台上车。”

场景三：组织站台旅客乘降。安排专人在 2 站台重点部位引导旅客乘降，宣传语如下。

“各位旅客，为了确保您的旅行安全，请您不要拥挤，按顺序先下后上。”

“上车后请往车厢里边走，不要在车厢门口停留，以免影响其他旅客上车，感谢您的合作。”

“上下车时注意脚踏板和站台的连接处，以免掉下摔伤。”

任务实施 2——车站观察日记之“车站突发大客流”

1. 任务描述

全班学生分组，每组学生可在节假日期间前往车站，观察售票厅、进站检票口、候车室等处工作人员的应急做法，并进行文字记录、拍摄照片，最后将拍摄的照片整理出来，制作成 PPT 在班内汇报。

2. 任务目标

① 掌握车站突发大客流的应急处理方法。

② 培养和提高学生对车站突发大客流的应急处理能力。

3. 任务流程

① 分组。将全班学生分成若干组，每组 5～8 人，各组独立完成任务。

② 实地考察。每组学生前往车站的售票厅、进站检票口、候车室等处进行观察，并记录车站工作人员的应急做法，具体实施时可参考以下建议。

a. 到达目的地后，小组组长负责现场的组织安排。

b. 1 人或 2 人作为一个小分队，分别前往不同地点进行观察。观察过程中要完成文字记录、现场拍照等任务。

c. 负责文字的人员将观察到的车站工作人员的做法记录下来。另外，注意留意广播播报信息。

d. 负责拍照的人员拍摄照片，如旅客排队购票照、临时增设的售票窗口照、客运员宣传引导照、临时开辟的候车区照等。

③ 制作 PPT。小组成员进行文字和照片的整理工作，并将整理好的资料制作成 PPT 交给老师。

④ 汇报。每组选派一名代表在全班学生面前进行汇报，也可采取不同部分由不同组员汇报的方式进行汇报。教师根据各组完成任务的情况，按表 3-3 为学生评分并做出评价，学生根据自己的表现写出自我评价。

表 3-3　任务评分表

评分标准	满分	得分	备注
考察内容丰富、详细	30		
小组成员配合度高、任务完成度高	30		
PPT 条理清晰、内容详尽	25		
汇报人讲解流畅、清晰	15		
总分			

（续表）

老师评语：
学生自我评价：

任务 3.3 车站发生火灾事件安全管理与应急处理

引导案例——车站突发火灾，500 名旅客被疏散

某日 20 时 11 分，××站突发火灾，市 119 指挥中心接到群众报警后，迅速调集 27 名消防员赶往现场。消防员到达现场后，只见二楼窗户不断冒出浓烟，经过询问负责人得知，着火点位于××站二楼储物间，无被困人员，但堆积大量杂物，若不及时处理，火势可能会蔓延至整个大楼，后果不堪设想。

于是，消防员冒着高温和令人窒息的浓烟迅速进入火场，扑救火情。20 时 27 分，火势得到基本控制。20 时 32 分，火势被完全扑灭。为了避免死灰复燃，消防员认真检查、清理了现场。经统计，此次过火面积约为 40 平方米，500 名旅客被疏散，未造成人员伤亡。

思考：当车站发生火灾事故时，若你是车站工作人员，为了尽可能降低事故损失，你应该如何应对？

（资料来源：http://www.chinanews.com/df/2011/07-03/3152873.shtml）

知识储备

由于车站内空间封闭、可燃物多，一旦发生火灾，火势极易蔓延，且容易产生大量有毒烟气，严重威胁人们的生命财产安全。另外，部分车站设在地下，能见度低，可能还设有商业夹层，或与城市轨道交通车站相连，内部结构复杂，一旦发生火灾，疏散救援十分困难。

知识加油站

车站发生火灾的主要原因有电气设备故障、人为因素、环境因素和外部因素。

① 电气设备故障。车站电气设备较多，若其质量不过关、违规操作或长期缺乏维护，就有可能发生短路、过负荷、过热等，进而引发火灾。

② 人为因素。旅客不遵守规定在车站内吸烟，引发火灾；工作人员违章操作、用火不慎，引发火灾；旅客携带易燃易爆品进站，易燃易爆品受到摩擦、挤压引发火灾；人为纵火破坏引发火灾，如精神异常者纵火、恐怖分子纵火袭击等。

③ 环境因素。通风不畅、散热不良等外界环境引发火灾；地震、雷击等自然灾害引发火灾。

④ 外部因素。某些铁路线路附近的商业建筑、厂房、住宅等一旦发生火灾，很有可能波及车站。

3.3.1 车站发生火灾事件的预防控制

为了避免车站发生火灾事件，铁路相关部门应采取有效的预防控制措施，具体如下。

① 广泛开展车站防火宣传工作，如禁止旅客携带易燃易爆品进站，禁止旅客在候车室、售票厅吸烟等。

② 加强日常设备的检查与维修，如不乱接电源、乱拉电线。

③ 车站增设监控设备，加强火灾监督。

3.3.2 车站发生火灾事件的应急处理

车站发生火灾时，铁路相关工作人员应立即进行应急处理，具体如下。图 3-11 所示为车站发生火灾事件的应急处理流程。

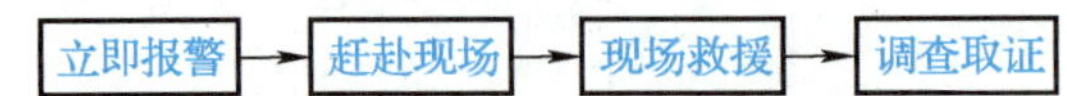

图 3-11 车站发生火灾事件的应急处理流程

① 立即报警。车站工作人员发现或旅客反映站内有冒烟、明火、爆炸或消防设施报警时，应向客运值班员报告。客运值班员接到通知后，立即拨打火警电话 119，并向值班干部报告。

② 赶赴现场。值班干部通知公安部门等有关人员立即到现场确认和处置，同时赶赴现场。在确认发生火灾后，值班干部负责现场指挥救援，并将事故情况上报铁路局客运调度，之后再逐级上报。

③ 现场救援。车站工作人员应迅速切断火灾区域的电源，防止火势蔓延；及时打开进出站检票机闸门和安全应急通道门，组织疏散旅客（广播室应开启应急广播反复向旅客播报疏散信息），使其撤离到站外安全区域；同时做好受伤人员的紧急救护和重点旅客的服务工作。

铁路之声

疏散旅客广播用语示例

“各位旅客，由于车站现在发生了火灾，有关部门正在实施救援。请各位旅客不要拥挤、不要慌乱、保持镇静，听从工作人员的指挥和引导，携带好自己的行李物品，有秩序地从安全通道疏散。带小孩儿的旅客请照顾好您的小孩儿，以免发生危险。谢谢您的配合！”

④ 调查取证。车站工作人员应配合公安部门保护好事故现场，积极协助调查取证。

小贴士

a. 若车站闸机由局客服综控台控制，应及时通知局客服综控台打开闸机。

b. 在应急处理过程中，要保持车站各通道畅通。

c. 当燃烧物、爆炸碎片溅落至线路上时，发现人员应在第一时间报告列车调度员（车站值班员），列车调度员（车站值班员）接到报告后，不得向该站放行列车。列车调度员（车站值班员）组织工务、电务人员现场确认，根据现场检查的情况汇报，确定行车方案。

复兴之路

杭海城际铁路通车在即，政企联合开展应急演练

某日，杭海城际铁路突发事件综合应急演练在嘉兴盐官站举行。杭海城际铁路开通在即，在全国第 20 个“安全生产月”期间举办此次突发事件综合应急演练，旨在提高轨道交通运营应急救援工作的综合水平，为今后杭海城际铁路运营突发事件的应急处置工作积累宝贵的经验。

当天下午 15 时，随着总指挥一声令下，演练正式开始。演练现场模拟列车在盐官站出站后不久，因旅客携带折叠电动自行车，锂电池冒烟、起火，火势不可控，列车被迫停止区间，司机及车站员工疏散现场旅客，火灾扑救无效后，迅速拨打 119、110、120 请求支援，并请求公交接驳。

杭海城际铁路立即启动列车火灾专项应急预案、区间疏散专项应急预案、公交接驳专项应急预案，各岗位按列车在区间发生火灾的应急处置程序进行区间旅客疏散、抢救伤员，防止事态扩大。

在 119 消防队员的努力下，火势被扑灭。随后，杭海城际铁路各专业救援队员立即携带救援设备进入区间及事故列车，对事故列车进行抢修及检查。火灾事故现场处置完成后，值班主任向各部门和中心发布终止列车火灾、区间疏散、公交接驳专项应急预案，总指挥宣布演练结束。

本次演练总用时约 40 分钟，遵循“统一指挥、快速反应、应急联动、高效处置”的指导思想，各参演单位接到指令后反应快速、密切配合，零延误、零失误，展现了各方应对突发事件的协同作战能力，整体达到了预期目标。

浙江轨道集团相关负责人表示，集团在接管运营后将始终贯彻“以人为本、生命至上”的理念，建立一支“召之即来、来之能战”的应急抢险队伍，努力为社会公众提供畅、洁、绿、美、安的轨道交通环境。

（资料来源：http://zj.people.com.cn/n2/2021/0616/c370990-34778313.html）

任务实施——车站发生火灾事件应急处理模拟演练

1. 任务描述

根据下列情景或自行设置情景，采用分角色扮演法进行车站发生火灾事件应急处理模拟演练。

情景：××××年××月××日，××站2站台突发火情，其被发现时火势已较大。

2. 任务目标

① 掌握车站发生火灾事件的应急处理方法。

② 培养和提高学生对车站发生火灾事件的应急处理能力。

3. 任务准备

① 场地：应急处理模拟演练实训场地。

② 角色：旅客若干，站务员2名，客运值班员1名，值班干部1名，广播员1名，公安人员1名。

③ 道具：对讲机若干。

4. 任务流程

① 将全班学生分成若干组，每组8～10人。

② 每组根据所给情景或自行设置情景，编写演练脚本，并据此反复进行预演，逐步完善，同时将小组名称、演练过程等填入表3-4中。

③ 各小组分别进行汇报演练。

④ 汇报演练结束后，各小组互评，教师对各小组的汇报演练进行点评，指出演练中存在的问题。教师可按表3-4给各小组评分。

表3-4　车站发生火灾事件应急处理模拟演练表

小组名称	
演练过程	

（续表）

演练评分	是否积极参与（20 分）	
	整体组织指挥是否协调（20 分）	
	岗位分工是否明确（20 分）	
	内容是否准确、完整（20 分）	
	表达是否流畅、清晰和得体（20 分）	
	总分（100 分）	
存在的问题		

5. 演练脚本

车站发生火灾的演练脚本示例如下。

（××××年××月××日，××站 2 站台突发火情，其被发现时火势已较大。站务员立即就近按下手动报警按钮，并用对讲机向客运值班员报告。）

站务员："报告值班员，2 站台发现较大火灾。"

客运值班员："收到，请立即疏散周围旅客并采取措施灭火。"

（客运值班员接到火灾报告后立即拨打火警电话 119 请求救援，并向值班干部报告，值班干部通知公安人员到场。）

客运值班员："消防大队，这里是××站，现在 2 站台发生火灾，火势较大，请求支援，我将安排工作人员在车站广场的特殊通道处等候。"

客运值班员："值班干部，2 站台发现较大火灾，请立即赶赴现场处理。"

值班干部："公安人员，现在 2 站台发生火灾，火势较大，请到现场确认和处置。"

（客运值班员组织广播员立即进行消防应急广播。）

客运值班员："广播员，现在 2 站台发生火灾，火势较大，请立即向旅客做好宣传解释工作。"

广播员："收到。"

广播员："各位旅客，现在 2 站台发生火灾，火势较大，请不要惊慌、拥挤，听从工作人员的指挥，从指定通道疏散到安全地点，在安全地点等候，不要随意走动，更不要返回或围观火灾现场。谢谢合作！"

（值班干部到场后，指挥现场工作人员立即打开各进出口大门、检票口和安全通道，本着"先人员、后财产，先重点、后一般"的原则，迅速有效地组织旅客疏散，以防现场混乱。客运值班员收到有旅客受伤的报告，及时与 120 急救中心联系。）

客运值班员：“120 急救中心，这里是××站，现在 2 号站台发生火灾，有多名旅客受伤，请安排救护车到场帮助救治。”

（火灾扑救完毕后，广播员广播安抚旅客。）

广播员：“各位旅客，在大家的共同努力下，2 号站台的火势已得到有效控制，请放心。另外，希望各位旅客在安全地点等候，工作人员将对旅客车票、携带品等情况进行登记，请予以配合。谢谢！”

…………

任务 3.4 客票系统故障安全管理与应急处理

引导案例——客票系统突发故障

某日下午，多地网友纷纷反映，当地车站的客票系统发生故障，无法办理售票、换取票业务。对此，相关部门表示，此次故障是由××铁路局售票机房突发设备故障造成的。

故障发生后，铁路部门采取了相应措施保障旅客出行。例如，无法换票的旅客可直接凭 12306 手机短信进站乘车，若需要纸质车票可到站换票，无法买票又急于乘车的旅客可先上车再补票。半小时后，客票系统故障被排除，售票、换取票业务也逐步恢复。

思考：客票系统发生故障后，如果没有采取措施，会导致什么后果？

客票系统是客票发售和预订系统的简称，它是铁路客运的制票系统，主要用于铁路客票的发售和预订。

随着客票系统全国联网售票的实现，其开放性逐渐增强，但客票系统所面临的安全管理考验也越来越大，一旦客票系统发生故障，不仅会给旅客的出行带来极大的不便，还会使车站售票、客运组织工作变得更加困难。

知识加油站

客票系统故障表现为客票系统运行异常，不能完成正常售票业务等。根据产生故障原因的不同，客票系统故障可分为设备故障、安全故障和应用程序故障。

① 设备故障。设备故障主要包括主机、存储设备等故障。一般情况下，设备故障会影响客票系统的正常运行，此时应尽可能先启用备用设备或备件。

② 安全故障。安全故障包括病毒感染、口令泄密、安全屏障被攻破、安全系统出现漏洞、网络通信受到干扰等，一般会使系统数据的安全性受到威胁。发生安全故障时，应先从系统中拆除相关安全设备，切断外界连接通道，停止安全系统运行。

③ 应用程序故障。应用程序故障一般是由使用不当引起的，表现为信息显示不是期望的内容，其他模块不能正常运行或售票业务不能正常开展。发生应用程序故障时，应及时进行修复。

3.4.1 客票系统故障的预防控制

为了避免客票系统发生故障或降低其影响，铁路相关部门应采取有效的预防控制措施，具体如下。

① 建立客票系统预防和预警机制。建立总公司、铁路局、车站客票监控系统，对主机系统、应用系统、通信设备及资源使用状况进行实时监控，发现异常信息立即进行预警分析，形成预警报告，并及时处理。

② 制订科学合理、详细实用的应急预案。应急预案可以确保发生故障时按照提前制订的方案处置故障，根据故障种类、影响范围和故障等级的不同，应急预案分为铁路局和总公司网络中心中断时的应急处理方案、铁路局中心数据库异常时的应急处理方案、车站数据库异常时的应急处理方案。

③ 优化客票系统故障处理方法。

a. 针对铁路局和总公司网络中心中断时互联网换票的优化，主要是优化旅客购票信息从总公司下传到铁路局的方法，通过提高传输效率，减少总公司和铁路局购票信息的差异率来实现。

b. 由于铁路局中心数据库异常时，只能通过应急售票系统发售无座车票，因此应主要优化连接方式，实现发售存放在非故障中心的车次的车票，减少运能的浪费。

c. 当车站数据库异常时，需要人工调整的数据较多，可以将相关业务数据在铁路局中心备份，这样铁路局中心就可以随时接管车站的售票业务。

复兴之路

数万铁警奋战春运，全力确保铁路安全稳定

面对春运客流，公安部铁路公安局组织全国铁路公安机关严密查堵站车，围绕涉票、涉假、扰乱秩序以及“盗抢骗”等违法活动深入开展打击整治，全力确保铁路安全稳定。

各地铁路警方紧紧抓住影响旅客出行安全的问题，把打击涉票违法行为作为一项重点工作，认真分析涉票违法活动的新特点，组织民警加强车站广场、售票厅的巡查，多渠道搜集倒票线索，对各类线索逐一调查，顺线追击。临汾铁路公安处组织各派出所在管内 38 个客运站加强与车站的协调配合，严格按实名制查验车票，共破获各类涉票案件 44 起。1 月 27 日，徐州铁路公安处东海县站派出所根据线索摸排，在南京市将犯罪嫌疑人杨某抓获，当场缴获伪造的火车票 11 张。

各地铁路公安机关不断编织站车防范网络，并组织上百支“铁鹰”小分队深入重点车站、重点旅客列车，严厉打击“盗抢骗”等侵犯旅客财产安全的违法活动，持续打击涉黑涉恶、涉毒涉拐、涉枪涉爆等严重犯罪活动。

以热血铸剑，以丹心卫民，数万铁警始终恪尽职守，交出了亮眼的成绩单。全国铁路公安机关要始终保持高压震慑态势，坚决把犯罪分子的嚣张气焰打下去，切实把旅客的人身权、财产权、人格权保护好。

（资料来源：http://news.youth.cn/sh/202102/t20210202_12691826.htm）

3.4.2　客票系统故障的应急处理

发生客票系统故障时，车站相关工作人员应立即进行应急处理，具体如下。

1. 信息报告

① 售票值班员应立即报告信息值班员。

② 信息值班员接到报告后立即排查故障，保持与信息技术所、客票所、车站通信工区的联系，并及时向售票值班员通报故障情况及预计消除故障的时间。

③ 售票值班员立即向值班干部报告故障影响情况，同时组织售票员及票厅导购员向购票旅客做好宣传解释工作。

④ 值班干部立即赶赴票房，了解故障影响情况，并报告值班领导。值班领导将故障及影响情况上报局办、局客运处，由局客运处下达应急启动命令。

图 3-12 所示为客票系统故障信息报告流程。

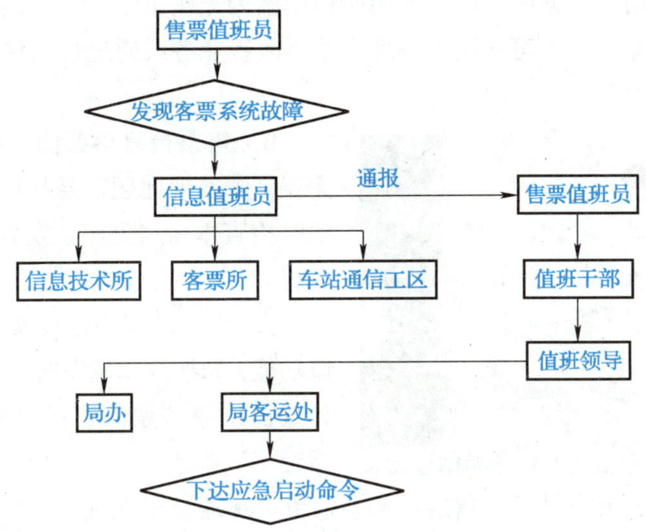

图 3-12　客票系统故障信息报告流程

2. 应急处理措施

客票系统发生故障时的应急处理措施主要有确定应急方案、发布信息公告、维持购票秩序、应急售票作业流程、组织乘车作业、后续组织，具体如下。

① 确定应急方案。根据故障当时列车开行情况进行窗口功能划分，对当日最近 4 小时内尚未始发的列车进行安排，组织过程中视客票系统及窗口实际情况进行调整。窗口按功能的不同可设置退票窗口、分车次应急售票窗口、应急电子客票换票窗口（为旅客办理应急状态下电子客票换票业务）及备用窗口。

② 发布信息公告。信息值班员协助综控室根据确定的应急方案制作公告内容，组织各相关处所人员做好信息公告和宣传工作。各售票厅工作人员利用手持扬声器、综控室利用广播进行宣传。与此同时，总服务台人员负责口头或电话处理旅客问询。

③ 维持购票秩序。售票厅临时增加的导购员充分利用手持扬声器不间断宣传公告内容，做好对购票旅客的宣传解释工作，引导旅客排队购票，维持好购票秩序。

课堂小剧场

假如你是一名售票厅导购员，当旅客在自助取票机无法换取纸质车票时，你该如何进行宣传解释、引导取票？请进行现场模拟。

④ 应急售票作业流程。

a．售票员进入应急售票系统时，须认真核对票号，票号调整一致后方可售票。各窗口根据客票计划组提供的指定车次可售票数，发售无座车票或为旅客办理电子客票换票手续。办理售票业务时，须向购票旅客说明所售车票为无座车票；办理换票业务时，须向旅客说明办理应急换票后，不可在网上办理退票、改签业务或通过自动售票机再次换票，否则将影响下次购票乘车。

b．售票员复核票面，确认票面信息正确无误，若发现问题，要及时汇报。售票员还需随时检查本窗口无座票发售数量，不得超计划发售。

c．作业过程中，视实际情况及时调整窗口功能，如按列车发车时间或无座票数额分配计划已结束售票的窗口可协助其他窗口发售指定车次车票。

d．列车开车前 10 分钟停止售票，售票值班员迅速分车次统计无座车票的发售数量，作好记录汇总后，将乘车人数情况（售出有座席及无座席旅客数量）以书面通知形式通知客运值班员与列车办理交接。

⑤ 组织乘车作业。

a．加强与列车的联系，客运值班员将客票系统故障信息提前告知相关车次的列车长。

b．加强验票口、闸机处的验票工作，严防无票人员进站乘车。

c．加强站台组织工作，站台客运员引导无座旅客到硬座车厢位置排队上车，保证各车厢人员均衡。

⑥ 后续组织。

a．客票系统恢复正常并运行稳定后，准备恢复联网售票。恢复联网售票时，应先恢复非应急售票窗口的联网售票，再恢复应急售票窗口的联网售票。

b．应急售票窗口需先进行结账处理，并将全部信息上传至客票系统后，再恢复联网售票。应急售票窗口恢复联网售票时，需先核对票号，若票号不一致，则报请信息值班员进行调整票号。

小贴士

客票的左上角有一个预印刷的红色票号（也称上票号），是客票的唯一标识。制票时，客票的中下部会打印一个票号（也称下票号，保存在客票系统的后台数据库中）。上票号和下票号必须完全一致，否则该客票为错票。因此，制票前必须核对票号，检查上票号和下票号是否一致。

c．客票系统恢复正常后，应及时广播恢复售票信息，并更改或恢复各相关处所电子显示屏内容。

××站客票系统故障应急演练

某日，××站进行了客票系统故障应急演练，大体流程如下。

① 售票员发现客票系统故障（见图3-13）后，立即通知售票值班员。

② 售票值班员第一时间到票房核实情况（见图3-14），确认故障后通知站长。

图3-13　发现客票系统故障

图3-14　售票值班员核实情况

③ 站长到售票厅维持秩序，组织旅客有序排队并做好解释工作，如图3-15所示。

④ 车站汇报段应急办，并确定无座上限后启动应急售票程序。

⑤ 售票员做好应急售票、退票工作，如图3-16所示。

图3-15　维持售票厅秩序

图3-16　售票员售出应急车票

⑥ 客票系统故障排除后，售票值班员将信息上传至客票系统，核实票号，应急结束。

（资料来源：https://www.meipian.cn/ahib9nv）

任务实施——客票系统故障应急处理模拟演练

1. 任务描述

根据下列情景或自行设置情景，采用分角色扮演法进行客票系统故障应急处理模拟演练。

情景：××××年××月××日，××站客票系统突发故障，无法正常办理电子客票的售票、退票、改签及领取报销凭证等业务。

2. 任务目标

① 掌握客票系统故障的应急处理方法。

② 培养和提高学生对客票系统故障的应急处理能力。

3. 任务准备

① 场地：应急处理模拟演练实训场地。

② 角色：售票员若干，售票值班员 1 名，主管领导 1 名，部门负责人 1 名，自动售票维护人员 1 名。

③ 道具：对讲机若干。

4. 任务流程

① 将全班学生分成若干组，每组 8～10 人。

② 每组根据所给情景或自行设置情景，编写演练脚本，并据此反复进行预演，逐步完善，同时将小组名称、演练过程等填入表 3-5 中。

③ 各小组分别进行汇报演练。

④ 汇报演练结束后，各小组互评，教师对各小组的汇报演练进行点评，指出演练中存在的问题。教师可按表 3-5 给各小组评分。

表 3-5　客票系统故障应急处理模拟演练表

小组名称	
演练过程	

（续表）

演练评分	是否积极参与（20分）	
	整体组织指挥是否协调（20分）	
	岗位分工是否明确（20分）	
	内容是否准确、完整（20分）	
	表达是否流畅、清晰和得体（20分）	
	总分（100分）	
存在的问题		

5. 演练示例

客票系统故障的演练示例如下。

（××××年××月××日，××站一售票员发现无法正常办理电子客票的售票、退票、改签及领取报销凭证等业务后，立即通知售票值班员。售票值班员初步判断后立即通知部门负责人，部门负责人了解此次故障的影响范围后，报告主管科室、宣传部门，并立即进行应急工作安排。）

1）信息报告

售票员："售票值班员，客票系统出现异常，现在无法正常办理电子客票的售票、退票、改签及领取报销凭证等业务。"

售票值班员："各窗口售票员，立即检查本窗口电子客票的售票、退票、改签及领取报销凭证业务办理是否正常，自动售票维护人员检查自动售票机是否正常。"

（售票值班员初步检查确认后报告部门负责人，部门负责人报告主管领导。）

售票值班员："报告领导，客票系统出现异常，现在无法办理电子客票的售票、退票、改签及领取报销凭证业务。"

部门负责人："报告主管领导，客票系统出现异常，现在无法办理电子客票的换票、退票、改签业务，请指示。"

主管领导："收到，请立即前往现场处理，并通知各岗位按照应急处理规范进行处置。"

2）应急处理措施

场景一：售票。优先引导旅客网上购买车票，再考虑引导旅客到可办理业务的售票窗口购买车票。车站售票窗口启用纸质车票发售模式，向旅客发售纸质车票。

场景二：维护售票厅秩序。向旅客做好宣传解释工作，帮扶重点旅客，及时妥善处理旅客诉求，维护售票秩序。对于需要领取报销凭证的旅客，告知旅客乘车后 30 天内都可以领取报销凭证。

场景三：后续处理。客票系统恢复正常后，售票值班员统计上报相关数据，如应急期间加开 3 个窗口，共办理换票 30 张，退票 20 张。

任务 3.5 车站突发重大疫情安全管理与应急处理

引导案例——陕西汉中站开展突发疫情应急演练

“周师傅，候车室内一名旅客抽搐倒地，同行人怀疑其感染鼠疫……”某日上午 8 时，陕西汉中站候车室内，一场突发疫情应急演练正在拉开帷幕。

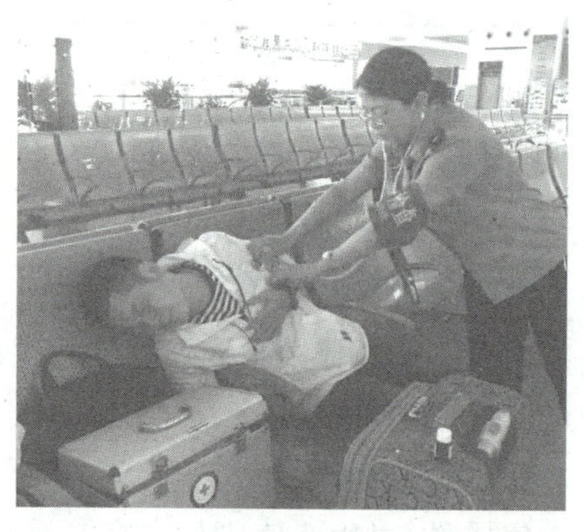

夏秋之交，气温骤变，正是各类传染病多发期。车站是人流相对密集的区域，一旦突发传染病疫情，将会给旅客的人身安全和财产带来重大损失，也会对社会稳定产生重大影响。为了加强车站公共卫生安全管理，不断提高对突发公共卫生事件的防范和应急处理能力，汉中站采取培训与演练相结合的方式，组织全体客运人员积极参加疫情应急处理预案强化培训，并分组别、分角色对疫情发现、疫情汇报、疫情处置、人员隔离、封锁区域、现场消毒及配合疾控中心登记接触者信息等每个环节进行实地演练。

此次演练不仅让车站工作人员熟悉了突发疫情应急处理流程，还有效提高了其突发疫情应急处理能力。

思考：当车站突发重大疫情时，你知道具体应该如何进行疫情汇报、疫情处置、人员隔离、封锁区域吗？

（资料来源：https://www.sohu.com/a/169120244_229702）

知识储备

3.5.1　突发重大疫情的预防控制

为了避免车站突发重大疫情或降低其影响，铁路相关部门应采取有效的预防控制措施，具体如下。

① 加强铁路与地方防疫机构的联动控制，共同协商、分工合作。

② 加强铁路客运人员的卫生防疫知识培训，使其掌握卫生防疫的基本技能。

③ 加强车站卫生防疫硬件基础设施建设。

④ 制订科学合理的应急处理预案，定期开展应急演练，切实提高车站工作人员的应急处理能力。

⑤ 疫情期间，应加强对车站、工作人员及旅客的卫生检疫。

牛刀小试

某车站为做好猪瘟的防控工作，与地方防疫机构协商后，发布以下公告。

“按照省委省政府关于猪瘟防控的工作要求，接上级通知，即日起，未经卫生防疫部门检疫合格的生猪产品（含生猪肉、腊肉、熏肉、香肠、猪内脏、猪血等）严禁携带进站上车。”

请仿照上述公告，写一个有关预防鼠疫的公告。

铁路快讯

兰州站派出所集全力做好疫情防控工作

为守牢入兰铁路防疫线，确保旅客生命安全和身体健康，兰州站派出所将疫情防控工作作为春运安保的首要任务，全所民警在岗在位，集全所之力做好兰州站疫情防控工作。

加强联防联控，全力做好疫情排查。针对疫情形势，兰州站派出所加强与甘肃省疾控中心的联防联控工作，将疫情防控、春运工作和车站综合治安管理同部署、同落实。扎实做好进站口、候车室、售票厅、出站口等重点部位的安全防护工作。例如，在进站口、出站口体温检测点（见图3-17）设置执勤岗，配合防疫

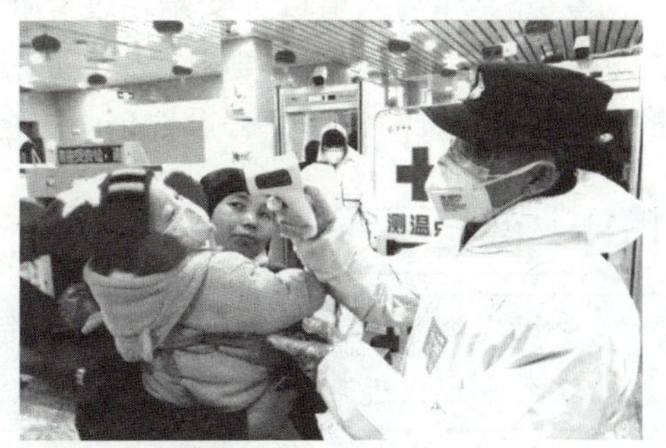

图3-17　进行体温检测

部门对旅客群众开展体温检测、筛查和检疫工作。

加强自身防护，切实守住入兰通道。兰州站派出所按照上级公安机关要求，全力做好各项疫情防控工作，具体如下。

一是全力保障防护设施设备。疫情防控开展以来，在公安处为兰州所配发口罩、防护服和体温测试仪的基础上，兰州站派出所协调相关单位，筹备 110 个外科口罩、4 个护目镜、2 个防毒面具、5 瓶 84 消毒液等防护用品，并以一线执勤民警、辅警为重配置，进一步提高民警安全防护的覆盖面。

二是严格落实岗前、岗后体温测试制度。在岗前、岗后由执勤大队大队长逐一对民警、辅警进行体温测试，对防护设备和办公区域进行消毒处理，并由当日值班所领导进行督导，确保民警安全回家。

加强治安管控，确保辖区治安稳定。疫情开始后，兰州局集团公司临时调整运输方案，停运部分列车，售票厅退票旅客人数急剧增多。为确保疫情期间辖区治安秩序平稳，兰州站派出所加大售票厅秩序维护力度，加强夜间治安清查，着力帮助旅客。

（资料来源：http://www.myzaker.com/article/5e33d47f1bc8e00f13000294/）

3.5.2 突发重大疫情的应急处理

当车站突发重大疫情时，铁路相关工作人员应立即进行应急处理，具体如下。图 3-18 所示为车站突发重大疫情的应急处理流程。

立即汇报 → 分类隔离 → 封闭管理 → 消毒处理 → 移交 → 维护秩序 → 配合工作

图 3-18 车站突发重大疫情的应急处理流程

① 立即汇报。在车站内发现疑似鼠疫、霍乱等重大疫情的患者或疑似患者时，工作人员应立即报告值班员。值班员要在第一时间将患者或疑似患者情况报告车站综控室，提出处置请求，同时向铁路疾控部门和上级主管部门报告。

② 分类隔离。值班员安排经过专业培训的人员先穿戴好防护服，按规定做好个人防护，再按卫生主管部门的要求对患者进行分类隔离，即将患者或疑似患者引导至车站医务室进行隔离，对密切接触者进行集中隔离，并做好登记。

登记内容包括患者、疑似患者、密切接触者的姓名、性别、年龄、有效身份证信息、联系方式、近期活动情况等。

③ 封闭管理。封锁已经或可能被污染的区域，疏散旅客、稳定旅客情绪、消除旅客

恐慌，防止发生意外。对患者、疑似患者及其密切接触者使用过的物品进行封存，在未对其进行有效消毒前不得使用；对使用过的防护用品进行封存，不得重复使用。

④ 消毒处理。由铁路疾控人员对已经或可能被污染的区域进行消毒，如图 3-19 所示。

图 3-19　疾控人员正在对候车室消毒

⑤ 移交。车站应将患者、疑似患者、密切接触者和其他需要跟踪观察的旅客，以及相关资料移交铁路疾控部门。铁路疾控部门确认处置完毕后，方可解除区域封锁。

⑥ 维护秩序。公安部门应维护好站内秩序，确保区域封锁、旅客隔离和疏散工作正常开展。

⑦ 配合工作。车站应积极配合现场的医疗人员和铁路疾控人员开展工作。

复兴之路

疫情不退，车站就是我的家

重庆垫江站客运值班员李利玲是一名有着 10 年以上党龄的中共党员，在疫情呈多点散发态势的时候，满腔家国情怀的她响应车站发出的成立疫情防控“党员志愿服务队”号召，率先报名，主动请缨坚守一线。

李利玲说：“我是中共党员，理应带头做表率。”没有豪言壮语，只有身体力行。作为班组长，李利玲除了每日督促班组职工做好防护及消毒外，还利用接发列车间隙，带头在进出站口协助做好旅客登记工作。此外，掌握最新疫情情况，检查测温仪器，清点口罩、手套等防疫物资，全程盯控保洁员对候车室、售票厅、出站口、站台的消毒情况等，都是她的日常工作。同时，李利玲还要不定时巡逻，对候车区未佩戴口罩或佩戴不规范的旅客进行提醒，并做好异常旅客的登记及交接工作。

有人问她累不累，她摇摇头说："养兵千日、用兵一时，关键时刻哪能退缩！疫情不退，车站就是我的家，我要坚守好自己的岗位，守护好我的'家人'。"数十年的客运经历早已让李利玲将坚守车站当成自己义不容辞的责任。

（资料来源：http://news.youth.cn/nw/202111/t20211116_13312879.htm）

 任务实施——车站突发重大疫情应急处理模拟演练

1. 任务描述

① 阅读下面给出的案例——兰州站和兰州西站开展疫情应急处理演练。

为了应对疫情，让每名职工掌握疫情应急处理的每个环节，某日，兰州站和兰州西站客运工作人员开展了疫情发热旅客及入境返甘旅客应急处理演练活动，为旅客的安全出行保驾护航。

演练情景一：假想一名旅客进站后接受测温（见图 3-20）时，其体温为 37.3℃，并伴有咳嗽等症状，测温人员及时报告值班员。随后，值班员引导该旅客至体温复测区，对其进行体温复测，经检测，该旅客体温为 37.5℃。值班员立即将该旅客引导至兰州站爱心留观室，将其移交给疾控所人员进行留观测温、登记详细信息，并及时向相关部门进行汇报，对接触人员及场所进行全面消毒。

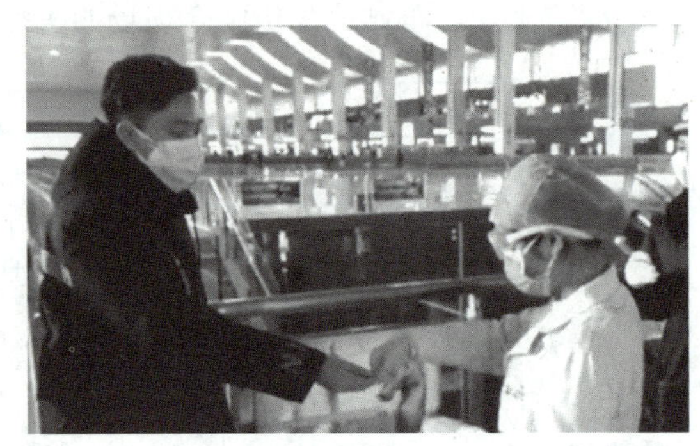

图 3-20　测温人员对旅客测温

演练情景二：假想一名从国外某一疫情重灾区到兰州的中国籍旅客执护照进站乘车，其接受测温时体温出现异常。值班站长得知后立即赶往实名制验票口了解情况，同时值班员到达验票口，将该旅客引导至兰州西站爱心留观室（见图 3-21），将其移交给疾控所人员进行留观测温、登记详细信息（见图 3-22），并通知医院派专人将该旅客接走，进行隔离治疗。

图 3-21 引导旅客至爱心留观室

图 3-22 登记旅客详细信息

兰州站和兰州西站两个多小时的应急演练，全面提高了全站在疫情防控的应急指挥、组织、协调处置能力，切实为打赢疫情防控阻击战提供了有力保障。

（资料来源：https://haokan.baidu.com/v?pd=wisenatural&vid=9336152445106305l）

② 请选择上述情景之一或自行设置情景，采用分角色扮演法进行突发重大疫情的应急处理模拟演练。

2. 任务目标

① 掌握突发重大疫情的应急处理方法。

② 培养和提高学生对突发重大疫情的应急处理能力。

3. 任务准备

① 场地：应急处理模拟演练实训场地。

② 角色：旅客 1 名，测温人员 1 名，值班员 1 名，疾控所人员 1 名。

③ 道具：对讲机若干，测温仪 1 个。

4. 任务流程

① 将全班学生分成若干组，每组 4 人。

② 每组根据所给情景或自行设置情景，编写演练脚本，并据此反复进行预演，逐步完善，同时将小组名称、演练过程等填入表 3-6 中。

③ 各小组分别进行汇报演练。

④ 汇报演练结束后，各小组互评，教师对各小组的汇报演练进行点评，指出演练中存在的问题。教师可按表 3-6 给各小组评分。

表 3-6　突发重大疫情应急处理模拟演练表

小组名称		
演练过程		
演练评分	是否积极参与（20 分）	
	整体组织指挥是否协调（20 分）	
	岗位分工是否明确（20 分）	
	内容是否准确、完整（20 分）	
	表达是否流畅、清晰和得体（20 分）	
	总分（100 分）	
存在的问题		

任务 3.6  车站旅客人身伤害及突发伤、急病事件安全管理与应急处理

引导案例——旅客突然晕倒，车站上演“暖心 10 分钟”

某日下午 3 点 35 分，一名旅客下车后，在出站地道里突然晕倒。正在地道引导旅客的客运值班员蔡慧听到求救声后，凭着职业的敏感性，立即朝着旅客聚集的地方奔去，发现一名旅客脸色苍白、双眼紧闭，靠在她老公身上。见此状况，蔡慧一边呼叫服务台，要求立即拨打 120 急救电话，一边向车站值班领导汇报。在等待救助的过程中，蔡慧了解了该旅客的情况。原来，她姓胡，江山本地人，刚在杭州医院做完手术返回江山。胡某在出站过程中，突然腹痛难忍、体力不支，晕倒在地道里。

10 分钟后，救护车到达车站，在车站客运人员、铁路派出所民警和医务人员的共同协作下，胡某被抬上救护车，并送往医院救治。

思考：当发现车站有旅客突发疾病时，你作为客运值班员应该如何应对？

（资料来源：http://www.21js.com/html/2019/01/284109.shtml）

知识储备

3.6.1　旅客人身伤害及突发伤、急病事件的预防控制

为了避免发生旅客人身伤害及突发伤、急病事件，铁路相关部门应采取有效的预防控制措施。

① 强化旅客人身安全宣传、引导工作。车站广播宣传安全知识，客运人员加强对重点旅客的帮扶；做好楼梯、天桥、地道、进出站通道等重点部位的安全提示，遇雨雪天，要及时采取防滑措施。客运人员还要提高安全防护意识，对行为异常的旅客加强监控，必要时请求公安人员介入处理。

② 加强车站封闭管理。车站要加强凭票候车作业，及时劝阻无票人员进站；严格执行出站口只出不进的规定，避免旅客或闲杂人员由出站口进入站内。

③ 做好旅客乘降组织工作。站台客运人员要及时清理站台闲杂人员，特别是在下半夜、列车到发密度集中的时段，要严格落实清站工作，消除安全盲点；引导旅客到指定车厢排队候车，做好接车准备工作；随时关注列车启动情况，防止发生旅客抓、扒、跳、抢上车等现象；列车停稳后，引导旅客先下后上；列车出站后，清理站台滞留人员。

案例分析

一旅客列车启动时，站台上一名旅客突然跑向列车，扒在列车外部连接处的扶梯上，并向上攀爬至车顶。列车司机发现有人扒乘后立即停车，随后该旅客被列车乘务员、乘警拽入车厢内。经审查，该旅客为精神异常旅客，且无票乘车。

原因分析：该事件是由无票且精神异常旅客在站台上突然扒乘列车引起的，主要责任者为扒乘者本人。但是，该事件暴露出站车安全防护上的问题：一是无票人员进站，车站工作人员应认真反思车站的日常管理；二是站台客运人员没有严格落实站台清站工作。

复兴之路

太原北站扎实开展应急救援演练工作

为进一步提高车站事故的应急救援处置能力，加强车站救援队伍管理，同时为保证春运期间运输安全畅通，太原北站安全科按照车站月度工作安排，组织太北救援队、驼峰救援分队、运转救援分队等，在向阳店站江阳1道进行应急救援演练。

在应急救援演练过程中，安全科主管根据救援台车的使用方法及要求，制订救援器材使用流程及卡控表，使参培人员更为直观地进行学习，邀请救援经验丰富的皇后园站副站长向参培人员分步讲解操作要点。此外，运转车间安排了青年职工进行现场观摩，学习救援起复知识，为车站救援工作做好后备人员的培养。

安全科针对本次演练中出现的问题进行了总结，要求各救援分队队长深刻吸取经验教训，在日常业务学习中组织好队员们的救援学习培训，确保每个人能够熟练掌握各种救援方法，提升队伍的救援业务水平，保证遇突发事件能够及时出动，真正做到“召之即来、来之能战、战之能胜”。

（资料来源：https://www.chnrailway.com/html/20201222/1928443.shtml）

3.6.2 旅客人身伤害及突发伤、急病事件的应急处理

发生旅客人身伤害及突发伤、急病事件时，车站相关工作人员应立即进行应急处理，具体如下。

① 信息上报。客运员发现事件发生后应立即通知客运值班员，并组织抢救。客运值班员接到通知后，将事件发生地点、概况向值班干部汇报，并迅速赶赴事发现场。值班干部接到通知后，立即向车间主任、分管领导报告，并通知公安人员赶赴现场。

资料卡

对于涉及旅客人身伤害的轻伤、重伤及一般伤亡事故，应立即向铁路局主管部门发出事故速报。事故速报内容如下。

a. 事故发生的时间、地点。

b. 伤亡旅客的姓名、性别、年龄、国籍、民族、职业、单位、有效身份证信息、联系方式、住址及车票种类、票号、发站、到站、车厢、席位等基本情况。

c. 事故发生经过、旅客伤亡及现场处理简况。

② 救助措施。客运值班员应及时拨打120急救电话，询问或查找受伤旅客（患者）家属的联系电话，派专人护送受伤旅客（患者）到就近或具备救治条件的医院进行救治。

送医人员应初步了解旅客情况，发生医疗费用时，应初步判断责任人。若责任人为旅客或第三人，则由旅客或第三人支付医疗费用；若不能确定责任人或责任人不明、无力承担，则经站长批准可用站进款垫付。使用站进款时，应填写或补填运输进款动支凭证，10日内由车站财务拨款归还。清点旅客随身携带品、现金（含退票所得）后，编制旅客随身携带品清单，交120急救人员签字一并带往医院。当旅客行李较多或120急救人员不愿带走时，可将其暂存车站遗失物品处。

③ 现场控制。客运值班员会同公安人员查看旅客是否有同行人、旅客受伤程度，及时查勘事故现场，检查受伤旅客人数、姓名、性别、年龄、单位、家庭住址，以及所持车票的票种、票号、发到站、车次、有效期和检票情况等。车站工作人员要积极配合公安人员封锁事故现场，禁止与救援、调查无关的人员进入。

④ 收集证据。客运值班员（值班站长）应组织人员全面搜集、梳理相关材料，描绘现场旅客定位图，收集不少于两份同行人或见证人的证言，查验记录、现场照片、录像等相关证据，形成比较完整的证据链，能够证明事件发生的过程和原因，初步明确事件性质。

小贴士

a. 旅客或第三人能够说明事件发生经过或责任的，应当由其出具书面材料，并签字确认。

b. 证人应当具备完全民事行为能力。收集证人证言时，公安部门负责做询问笔录，客运部门负责收集旁证材料。证人证言应当真实、合法。

c. 证人证言中应当记录证人的姓名、性别、年龄、地址、联系方式、有效身份证信息等内容，且要有公安人员的签字（盖章）。有医务工作者参加救治时，应由其出具参与救治经过的证言。

d. 收集证人证言材料的顺序依次为受伤旅客本人自述、亲属证言、同行人证言、参与抢救的医务工作者证言、相邻座位的旅客证言、本候车室旅客证言、车站相关工作人员证言。

⑤ 死亡旅客的处理。受伤旅客（患者）在现场抢救无效死亡或在站内发现旅客尸体时，经公安机关或医疗部门确认死亡后，应当暂时派人看守，并尽快送殡仪馆。

死者身份、地址不详或家属不来时，可根据公安机关的意见处理死者尸体，其物品按无法交付处理。

⑥ 旅客车票的处理。若旅客伤害是由旅客自身疾病或旅客违反铁路安全规定，不听从铁路工作人员引导、劝阻等造成的，为旅客办理退票时应按规定核收退票费。若旅客伤害是由铁路设施设备或铁路工作人员失误而造成的，为旅客办理退票时应由值班站长签字，不再核收退票费。

旅客安检时突然昏倒，
车站工作人员紧急救助

⑦ 相关资料整理和上报。车间业务室及时整理相关资料，并于次日（遇双休、节假日顺延）由车间干部上报客运科。

需要上报的相关资料：客运记录、受伤旅客车票、随身携带品清单、旅客或家属的联系电话、不少于两份旁证材料、现场旅客定位图、旅客和同行人的身份证复印件、死亡证明复印件、现场照片、录音和录像资料、客运值班员拟写的处理经过、其他与该事件相关的材料。

知识加油站

车站收到列车有受伤旅客的通知后，应立即联系当地急救中心到现场，并做好准备工作。在站车交接过程中，站台客运员要维持好站台秩序，客运值班员应确认受伤旅客是否有同行人，认真核对列车开具的客运记录、旅客随身物品清单及相关材料。

铁路快讯

案例一：××站候车室天花板坍塌致多人受伤

某日下午4点左右，××站二楼候车室天花板突然坍塌，将正在候车的多名旅客砸伤。事发时，一名工人正在天花板吊顶内部作业，天花板突然坍塌，工人从上面掉了下来，同时砸伤了几名正在候车的旅客。事发后伤者被送往医院检查，现场工作人员对损坏的天花板进行了维修。

案例二：旅客突发疾病，众人紧急救助

某日上午10时40分，一名五十岁左右的旅客在安徽××站候车室检票进站过程中突然倒地不起。客运员马雪礼发现后立即上前扶起该旅客，他断断续续地说头晕难受、左半身没知觉。于是马雪礼紧急呼叫客运值班员陆绮芳，陆绮芳得知后第一时间拨打120急救电话。客运值班员马成武从旅客行李中找到家属电话，通知其家属尽快赶来。5分钟后，120救护车赶到，众人协助120医护人员将该旅客从二楼候车室抬上救护车送往医院紧急救治，如图3-23所示。

图3-23　旅客被送往医院

思考：若你是上述两个案例中的车站工作人员，面对上述情况，应如何应对？

（案例一的资料来源：https://www.sohu.com/a/107962768_381537）

（案例二的资料来源：http://www.cnr.cn/ah/ygkx/20200218/t20200218_524980900.shtml）

任务实施——车站旅客人身伤害及突发伤、急病应急处理模拟演练

1. 任务描述

选择下列情景之一或自行设置情景，采用分角色扮演法进行车站旅客人身伤害及突发伤、急病应急处理模拟演练。

情景一：一旅客进入候车室、寻找检票口时，突然脚下一滑，整个身体重重地摔在地上，无法动弹。正在值班的客运人员发现后立即上报客运值班员，客运值班员接到通知后立即拨打120急救电话，并迅速赶赴事发现场了解情况。最终，该旅客在车站客运人员和医务工作者的共同协助下，被抬上救护车、送往医院进行救治。

情景二：一名旅客在车站检票口突然晕倒。正在值班的几名客运人员，立即对晕倒的旅客进行救助。在将晕倒的旅客抬上担架后，客运人员一方面拨打120急救电话，另一方面通过车站广播，寻求站内医务工作者帮助。10分钟后救护车到达现场，该旅客在车站客运人员和医务工作者的共同协助下，被抬上救护车、送往医院进行救治。

2. 任务目标

① 掌握车站旅客人身伤害及突发伤、急病的应急处理方法。

② 培养和提高学生对车站旅客人身伤害及突发伤、急病的应急处理能力。

3. 任务准备

① 场地：应急处理模拟演练实训场地。

② 角色：旅客 1 名，客运人员 2 名，客运值班员 1 名，值班干部 1 名。

③ 道具：对讲机若干。

4. 任务流程

① 将全班学生分成若干组，每组 5 人。

② 每组根据所给情景或自行设置情景，编写演练脚本，并据此反复进行预演，逐步完善，同时将小组名称、演练过程等填入表 3-7 中。

③ 各小组分别进行汇报演练。

④ 汇报演练结束后，各小组互评，教师对各小组的汇报演练进行点评，指出演练中存在的问题。教师可按表 3-7 给各小组评分。

表 3-7　车站旅客人身伤害及突发伤、急病应急处理模拟演练表

小组名称		
演练过程		
演练评分	是否积极参与（20 分）	
	整体组织指挥是否协调（20 分）	
	岗位分工是否明确（20 分）	
	内容是否准确、完整（20 分）	
	表达是否流畅、清晰和得体（20 分）	
	总分（100 分）	
存在的问题		

5. 演练脚本

车站旅客人身伤害及突发伤、急病的演练脚本示例如下。

（××××年××月××日，××站一旅客进入候车室、寻找检票口时，突然脚下一滑，整个身体重重地摔在地上，无法动弹。正在值班的客运人员发现后立即上报客运值班员，客运值班员上报值班干部。）

客运人员：“报告值班员，10 候车室附近一旅客不小心摔倒，无法动弹，请立即赶到现场处理。”

客运值班员：“收到。请安抚好旅客，稳定其情绪。”

客运值班员：“急救中心，××站一旅客不小心摔倒，无法动弹，请立即派救护车前来救治，我将派专人在车站北侧应急通道等待。”

客运值班员：“值班干部，10 候车室附近一旅客不小心摔倒，无法动弹。”

值班干部：“收到，请做好安抚、救护工作。”

（客运值班员到场了解情况，安抚旅客。）

客运值班员：“你好，我是车站值班员，您是怎么摔倒的？现在还可以动吗？”

受伤旅客：“我没注意脚下，不小心摔倒的。全身不能动了，一动就疼。”

客运值班员：“您不用担心，救护车马上就到。”

（客运值班员组织人员收集证人证言等材料。随后 120 急救人员赶到，车站人员协助将受伤旅客抬上担架送往医院进行救治。）

…………

任务 3.7　车站安全综治事件安全管理与应急处理

引导案例——车站一旅客咬伤民警，被刑拘

某日 14 时 40 分，××站工作人员在组织 K931 次列车旅客检票进站时，一名手持 T282 次车票、一身酒气的旅客走到检票口，执意要上车。工作人员耐心地向旅客解释：“您要乘坐的列车还没有到检票时间，而且这两趟车开往的方向是相反的，请您回到座位上再等等。”该旅客被工作人员拒绝后，双腿岔开堵在检票口，不让后面排队的旅客通过。无奈之下，工作人员只好报警。

××站派出所接到报警后，值班民警立即赶到现场，详细了解情况后对涉事旅客进行了警告，要求其让开通道让旅客检票进站。但是，该旅客对此充耳不闻，还辱骂民警及车站工作人员。为尽快恢复车站秩序，民警决定将该旅客强制带离现场。

“在我们采取强制措施过程中，他一直极力反抗，将我的右手抓伤，还张口紧紧咬在我左膝关节内侧不松口，虽然隔着裤子，但腿上的咬痕还是很清晰的。”民警介绍受伤经过时说，如图 3-24 所示。

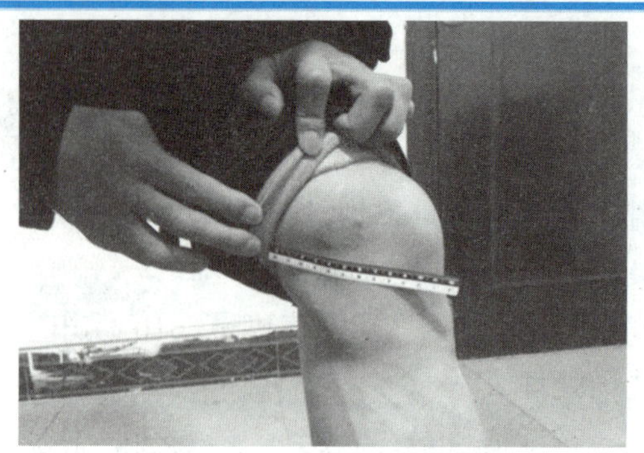
图 3-24　民警被咬伤

经查，该旅客姓高，今年 28 岁，有打架斗殴、故意毁坏他人财物、被行政拘留的违法记录，进站前与朋友吃饭时喝了半斤高度白酒。高某扰乱车站秩序的行为已涉嫌构成犯罪，最终被刑事拘留。

思考：车站工作人员的做法是否妥当？还有其他需要注意的地方吗？

（资料来源：http://hb.sina.com.cn/news/j/2019-01-13/detail-ihqhqcis5656668.shtml?from=hb_ydph）

知识储备

常见的车站安全综治事件有车站突发治安事件、发现精神异常旅客、发现危险品事件等，下面分别介绍这几种事件的安全管理与应急处理。

3.7.1　车站突发治安事件安全管理与应急处理

1. 车站突发治安事件的预防控制

为了避免出现车站突发治安事件的情况，铁路相关部门应采取有效的预防控制措施，具体同项目 2 任务 2.9 的列车突发治安事件的预防控制，在此不再赘述。

2. 车站突发治安事件的应急处理

车站突发治安事件时，铁路相关工作人员应立即进行应急处理，具体如下。

① 现场工作人员应立即向车站公安部门和车站领导报告。若车站无驻站公安部门，需向地方公安部门报告，同时向上级铁路公安机关报告。车站领导接到报告后应立即赶往现场，配合公安人员维护车站秩序，保护现场，协助调查取证。

② 若在治安事件中有旅客受伤，车站工作人员应将其转移至安全地点，积极采取措施抢救；若有必要，需拨打 120 急救电话请求救治，或自行组织将旅客送往医院；120 急救人员到达后，车站工作人员应配合其工作，为其提供方便。

③ 若发生重大治安事件，由公安机关按照突发事件应急预案进行处置。客运部门可使用电报或其他方式向客运主管部门报告。

④ 发生抢劫事件时，值班站长应组织人员在保证自身安全的前提下，堵截作案人员，疏散围观人员，若作案人员已逃逸，应积极寻找证人、协助当事人报案。

课堂小剧场

若车站发生抢劫事件，值班站长应如何组织人员应对？请进行现场模拟。

⑤ 发生打架斗殴事件时，如事件涉及人数较多或涉事人员持有刀具、枪械、爆炸物等，值班站长应立即执行车站疏散程序，通知各岗位人员注意自身安全。

⑥ 公安人员到场后，车站工作人员应根据其要求配合相关工作，若有超越本职权限事宜，立即上报。公安人员需调用车站录像资料时，车站应积极配合，并协助其按规定办理手续。

⑦ 值班站长通知售票员注意保管票、款。车站票、款被劫时，值班站长组织客运值班员与票务室清点损失并做好记录。

⑧ 当车站现场的混乱程度影响列车进站安全时，客运调度立即组织后续列车不停站通过或扣停后续列车，并通知前方车站。

铁路快讯

九江站开展无预警“一分钟处置”应急演练

某日，江西九江铁路警方联合九江市特警、武警和九江站工作人员，在九江站广场及售票厅开展了无预警“一分钟处置”应急演练，如图3-25所示。

图 3-25　组织开展应急演练

上午9时，一旅客正在九江站售票厅购买车票，突然另一名旅客手持刀斧开始“追砍”这名旅客，车站职工和安保人员立即有序疏散售票厅内旅客、抢救伤员，车站公安、特警和武警立即出动，手持盾牌、制服器、防暴叉等与“暴徒”展开搏斗。一时之间，售票厅里对讲机的对话和器械的声音混杂在一起，短短1分钟，行凶“暴徒”就被逼至角落并被控制，至此这起突发“暴力事件”被成功处置。

在演练开始前，车站组织干部职工和安保人员对应急演练预案及演练脚本进行学习，督促熟练掌握各类汇报流程、旅客疏散措施及应急处理方法，并聘请车站公安派出所人员对盾牌、制服器和防暴叉等的使用条件、使用方法及注意事项进行了详细的讲解。

此次实战演练完善了警方处置突发事件的措施，提高了地方公安与铁路公安之间的协作，跨区域警力调动、多警种联合处置突发事件的能力，同时有效检验了车站和各单位之间的密切配合、协同作战能力，为营造安定的车站环境奠定了坚实基础。

（资料来源：http://jx.cnr.cn/2011jxfw/xxzx/20170605/t20170605_523786062.shtml）

3.7.2　发现精神异常旅客安全管理与应急处理

1. 发现精神异常旅客的预防控制

为了避免旅客出现精神异常，铁路相关部门应采取有效的预防控制措施，具体如下。

① 改善车站环境，满足旅客需求，提供优质服务，从源头上消除发生该事件的风险。

② 加强对车站工作人员相关知识的培训教育，使其熟悉精神异常旅客的发作特点，掌握基本救助方法。

③ 做好旅客宣传工作，如通过广播、显示屏，或在醒目位置摆设宣传牌等，向旅客宣传精神异常旅客的相关知识，使旅客了解精神异常旅客的发作特点和防范措施，将该事件的发生控制在萌芽状态。

2. 发现精神异常旅客的应急处理

车站发现精神异常旅客时，铁路相关工作人员应立即进行应急处理，具体如下。

1）车站发现精神异常旅客的处理

（1）精神异常旅客无同行人的处理。

① 及时报告。车站发现旅客精神异常时，不允许其进站乘车，可为其办理退票手续。车站客运员、售票员应加强对候车室、售票厅等旅客活动场所的巡视，发现有行为（精神）异常的旅客，应及时向客运值班员报告。客运值班员及时通知车站派出所、值班站长，并会同派出所公安人员到场处理。

② 强制隔离。若旅客情绪急躁、有暴力倾向，应及时采取措施，用约束带将其控制，带至较为安静、干扰小的地方隔离。车站公安人员应加强巡视，避免患者本人发生意外或给其他旅客造成伤害。

③ 收集证据。收集不少于两份其他旅客的证言和有关证据。

④ 处理旅客车票。对始发旅客车票复印、留存后，为其办理退票手续。

⑤ 编制客运记录。值班站长编制客运记录，组织人员清点旅客随身携带品、现金（含退票所得），并编制清单。

客运记录要注明旅客所持车票的票种、票号、发到站、车次、有效期及检票情况。

⑥ 送往救助站。值班站长和派出所人员共同将旅客及其随身携带品、清单一同送往救助站，在客运记录上注明护送人员姓名及送往时间，并办理签字交接手续。

（2）精神异常旅客有同行人的处理。

① 车站应征求精神异常旅客同行人的意见，在同行人在客运记录上签署处理意见后再进行处理。车站应积极协助同行人办理联系医院等相关事宜。若同行人无能力处理，则可参照无同行人的精神异常旅客的处理方法。

② 精神异常旅客乘车时，车站要事先与列车长取得联系。无护送人陪同的精神异常旅客严禁乘车。

2）车站对列车移交精神异常旅客的处理

对于列车移交的精神异常旅客，车站应积极受理。站、车办理移交手续时，应有一份列车编制的客运记录、旅客车票及随身携带品清单，原则上还应有不少于两份同行人或其他旅客的证言和有关证据。其他事项同车站发现精神异常旅客的处理一致。

铁路快讯

旅客突发精神疾病，南充站精心照顾暖人心

某日凌晨，四川南充站候车室突然传来一阵吵闹声，只见一名旅客大吼大叫，情绪失控甚至出现伤人举动，同行亲属已经控制不住，非常着急。车站值班员汪艳得知情况后立即通知公安人员到场，疏散现场围观旅客，配合亲属耐心开导、安抚旅客，旅客病情才逐渐好转。

同行家属告知汪艳，这位老人是她的母亲何某，南部县小元乡人，有间歇性精神疾病，她们原本准备乘坐火车到上海，没想到临近检票时，母亲突然发病不肯上车，还在候车室大吼大叫，情绪失控甚至有伤人的举动。面对老人的病情，汪艳和同行家属商量送其母亲到车站附近的精神病医院进行治疗，待其病情稳定后再回家。无奈老人怎么也不肯离开候车室，工作人员都十分小心，不敢强迫她，只能在言语上进行开导，但仍然无法使她平静下来。经过一晚上的折腾，这位患病旅客情绪仍然不稳定。当天早上汪艳与接班的值班员雷杨进行了重点交接。接班后，雷杨和客运员陈隆一直陪在患者身边不敢离开半步，耐心地安慰她、开导她（见图 3-26），还主动给老人买来了盒饭，老人情绪慢慢好转了。上午 10 时，老奶奶的外孙赶到车站，才

图 3-26　耐心开导旅客

和家属一起将老人接走。

试总结一下，在上述案例中，车站工作人员采取了哪些措施？

（资料来源：https://baijiahao.baidu.com/s?id=1614020942683169475&wfr=spider&for=pc）

3.7.3 发现危险品事件安全管理与应急处理

1. 发现危险品的预防控制

为了避免旅客携带危险品进站乘车，铁路相关部门应采取有效的预防控制措施，具体如下。

① 加强宣传力度。车站利用广播、显示屏，或在醒目位置摆设宣传牌等，向旅客宣传有关危险品的管理及处罚规定，明示禁止携带危险品的种类、品名等。

② 对旅客随身携带行李包裹进行严格检查。

③ 对安检员进行业务培训，提高其对危险品的识别技能，使其掌握基本的应急处理方法。

知识加油站

危险品分类及常见危险品

a. 爆炸品类：雷管、传爆助爆管、导爆索、导火索、火帽、引信、炸药、烟火制品（礼花、鞭炮、摔炮、拉炮等）、点火绳、发令纸、硝酸铵、氯酸钾。

b. 压缩气体和液化气体类：甲烷、乙烷、丙烷、丁烷、打火机、微型煤气炉用贮气罐、气体杀虫剂。

c. 易燃液体类：汽油、酒精、强力胶、汽车门窗胶、橡胶水、脱漆剂、环氧树脂、油漆、皮革光亮剂、显影液、印刷油墨、煤油、樟脑油、松节油、松香水、油画上光油、刹车油、防冻水、柴油。

d. 易燃固体类：红磷、硫黄、火补胶。

e. 自然物品类：黄磷、油布。

f. 遇湿易燃物品类：金属钠、镁铝粉。

g. 氧化剂和有机过氧化物类：过氧化氢、硝酸铵、氯酸钾。

h. 毒害品类：氰化物、砷、赛力散、灭鼠安（含各类鼠药）、杀虫剂、灭草松。

i. 放射性物品类：夜光粉、发光剂。

j. 腐蚀品类：硝酸、硫酸、盐酸。

2. 发现危险品的应急处理

当发现危险品时，车站相关工作人员应立即进行应急处理，具体如下。

旅客乘高铁，拒交危险品，脚踹民警被拘

① 车站查获危险品时，应急处理小组成员应分工负责，在保证人身安全的同时进行处理。

② 车站对查获的危险品应予以没收。若危险品数量较大或属于严禁携带的物品，应将旅客及其携带的危险品交由铁路公安部门处理。

③ 对查获的有毒、放射性、易腐蚀的物品，应隐蔽放置，做到堆码整齐、稳固，使其与食品及活动物的距离不小于 0.5 米，与感光器材和人的距离不小于 1 米。

复兴之路

铁路反恐“三到位”，保证旅客放心出行

铁路部门秉承坚持“务求实效、力戒形式主义”的原则，坚持维护社会稳定、维护社会主义法制、维护人民群众根本利益，通过“三到位”誓让使广大旅客陷入紧张氛围的恐怖分子无处遁形。

一是铁路部门带头到位，表率示范。铁路各部门组织铁路职工学习安全防范技能，参与反恐演练，提高心理素质，保证突发情况下能请求支援，疏散旅客，冷静处置各项工作。此外，加大实名查验力度，筛查可疑旅客，提前做好防范工作，减少安全隐患。

二是组织引导到位，减少伤害。对于购票、候车及乘车旅客，做好组织引导工作。正确引导旅客如遇暴力恐怖事件，应第一时间报警，以保障自身安全为准则，而不建议做一些不顾自身安全的危险动作。

三是巡查到位，确保实效。尤其人流密集的大站，坚持做到每时每刻都有多名安保人员在各个地方进行巡逻，确保巡查到位，不偏、不虚和不漏。巡查过程中巡查人员要对不明情况的旅客做好安全提示，以免造成恐慌，并将每位可疑人员上报并对其重点观察，确保管理部门能第一时间了解动态，以提前防范。

恐怖分子威胁的是我们大家共同的安全，只有提高安全防范意识，共同努力、配合协作，才能打击恐怖分子！

（资料来源：https://www.chnrailway.com/html/20140425/368289.shtml）

任务实施 1——车站突发治安事件应急处理模拟演练

1. 任务描述

① 阅读下面给出的案例——当阳站突发“暴乱”？真相是……。

某日，几个年轻的小伙子因不肯走安检通道而被湖北当阳站工作人员阻拦在外，如图 3-27 所示。原本以为这只是一个普通的插曲，但是不久后门外就传来一阵尖叫与喧闹声。工作人员跑到门口一看，刚刚被拒绝进站的几个小伙子正手持刀械利斧，见人就砍，已经有多人被砍伤（见图 3-28）。于是，车站工作人员立即报警并上报。随后，一道道防线迅速筑起。

图 3-27　多人抗检被阻拦

图 3-28　多人被砍伤

第一道防线：车站派出所民警及车站工作人员携带器械、装备到达现场，如图 3-29 所示。

第二道防线：特勤队员、坝陵派出所民警带齐装备、警械赶到案发现场，如图 3-30 所示。

图 3-29　第一道防线

图 3-30　第二道防线

第三道防线：玉阳派出所、玉泉派出所、治安大队迅速集结（见图 3-31），携带盾牌、网枪等警械赶赴现场。

图 3-31　各派出所集结

公安人员到场后立即抓捕嫌疑人（见图 3-32），并强行将其带离现场；疏散围观群众，警戒再次发生袭击事件。与此同时，救护车赶到现场进行救护，如图 3-33 所示。

图 3-32　嫌疑人被制服

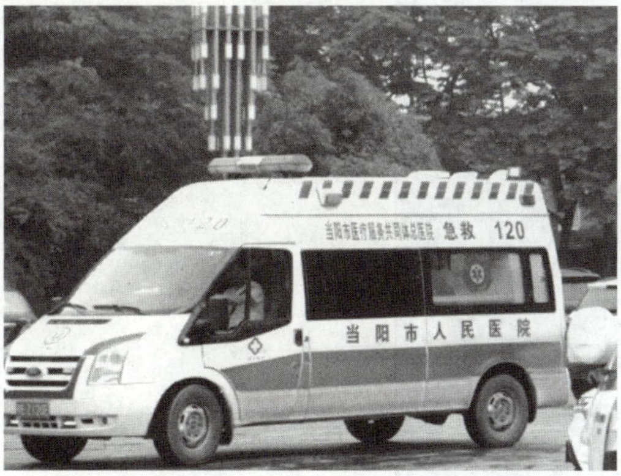

图 3-33　救护车到场

从闹事被阻拦到“暴恐分子”伤人被制服，平息整个“暴乱”只用了不到 10 分钟，周边派出所民警赶来支援时，5 名“暴恐分子”已被押解上了警车。

（资料来源：https://new.qq.com/omn/20190517/20190517A02LBB.html）

② 请根据上述情景或自行设置情景，采用分角色扮演法进行车站突发治安事件应急处理模拟演练。

2. 任务目标

① 掌握车站突发治安事件的应急处理方法。

② 培养和提高学生对车站突发治安事件的应急处理能力。

3. 任务准备

① 场地：应急处理模拟演练实训场地。

② 角色：旅客若干，安检人员 3 名，公安人员 3 名，值班站长 1 名。

③ 道具：对讲机若干。

4. 任务流程

① 将全班学生分成若干组，每组 10～12 人。

② 每组根据所给情景或自行设置情景，编写演练脚本，并据此反复进行预演，逐步完善，同时将小组名称、演练过程等填入表 3-8 中。

③ 各小组分别进行汇报演练。

④ 汇报演练结束后，各小组互评，教师对各小组的汇报演练进行点评，指出演练中存在的问题。教师可按表 3-8 给各小组评分。

表 3-8　车站突发治安事件应急处理模拟演练表

<table>
<tr><td>小组名称</td><td colspan="2"></td></tr>
<tr><td>演练过程</td><td colspan="2"></td></tr>
<tr><td rowspan="6">演练评分</td><td>是否积极参与（20 分）</td><td></td></tr>
<tr><td>整体组织指挥是否协调（20 分）</td><td></td></tr>
<tr><td>岗位分工是否明确（20 分）</td><td></td></tr>
<tr><td>内容是否准确、完整（20 分）</td><td></td></tr>
<tr><td>表达是否流畅、清晰和得体（20 分）</td><td></td></tr>
<tr><td>总分（100 分）</td><td></td></tr>
<tr><td>存在的问题</td><td colspan="2"></td></tr>
</table>

任务实施 2——车站发现行为异常旅客应急处理模拟演练

1. 任务描述

选择下列情景之一或自行设置情景，采用分角色扮演法进行车站发现行为异常旅客应急处理模拟演练。

情景：××××年××月××日，××站客运员小张发现一旅客疑似精神失常，在候车室又吵又闹，不听劝阻，于是立即报告客运值班员。客运值班员得知后立即通知驻站民警，一同赶往现场。客运值班员和民警到场后立即将该旅客与其他旅客隔离，了解其情况，并开展劝解工作，安抚其情绪。经过一个多小时的耐心开导，该旅客的情绪逐渐稳定。

2. 任务目标

① 掌握车站发现行为异常旅客的应急处理方法。

② 培养和提高学生对车站发现行为异常旅客的应急处理能力。

3. 任务准备

① 场地：应急处理模拟演练实训场地。

② 角色：行为异常旅客 1 名，客运员 1 名，客运值班员 1 名，驻站民警 2 名。

③ 道具：对讲机若干。

4. 任务流程

① 将全班学生分成若干组，每组 5 人。

② 每组根据所给情景或自行设置情景，编写演练脚本，并据此反复进行预演，逐步完善，同时将小组名称、演练过程等填入表 3-9 中。

③ 各小组分别进行汇报演练。

④ 汇报演练结束后，各小组互评，教师对各小组的汇报演练进行点评，指出演练中存在的问题。教师可按表 3-9 给各小组评分。

表 3-9　车站发现行为异常旅客应急处理模拟演练表

小组名称	
演练过程	

（续表）

演练评分	是否积极参与（20 分）	
	整体组织指挥是否协调（20 分）	
	岗位分工是否明确（20 分）	
	内容是否准确、完整（20 分）	
	表达是否流畅、清晰和得体（20 分）	
	总分（100 分）	
存在的问题		

 任务实施 3——旅客携带危险品应急处理模拟演练

1. 任务描述

① 阅读下面给出的案例——车站安检时发现可疑行李箱，旅客竟称“只是油漆”。

某日 8 时 40 分，在扬州务工的旅客王某带着从工地上拿回的两桶油漆和一瓶香蕉水（共计 8 千克），试图登上回老家的火车。王某将行李箱放到安检仪上时，安检人员通过安检仪显示屏发现异常，王某携带的行李箱内有危险品。于是，安检人员立即将王某拦下，并询问其行李箱内是否带了危险品。王某称没有携带危险品，只带了一些油漆。王某的回答让安检人员哭笑不得，明显箱子里有易燃易爆品。

图 3-34　被查危险品

经民警盘查发现，王某所带物品属易燃物品，严禁带上火车。据王某称，他来自河南，在扬州做油漆工，从工地上带了两桶多余的油漆和一瓶用于稀释用的香蕉水（见图 3-34），准备回老家给自家门刷一层漆，他不知道这些东西不让带上火车。

民警说：“听了他的讲述，我有点将信将疑。”王某的身份证显示，他没有什么异常。民警随即从公安内部网对王某的信息进行了查询，发现其没有任何前科，文化

程度不高，这才相信他没有说谎。民警称，根据王某携带的危险品量，按规定要处以 5 日到 10 日的行政拘留，但考虑到其确实不是故意所为，而且是初犯，遂对其进行了现场教育，并让其学习了相关法律法规后，让他登上了返乡的列车。

"这些危险品如果没有被及时发现并查缴，万一被带上火车，后果不堪设想。"民警随后对王某所带的香蕉水做了现场实验，香蕉水距离火源 40 厘米时发生了爆燃。王某所带香蕉水的腐蚀性也特别强，如果在火车上发生泄漏，很容易对人体造成伤害。

（资料来源：http://roll.sohu.com/20150209/n408860789.shtml）

② 请根据上述情景或自行设置情景，采用分角色扮演法进行旅客携带危险品应急处理模拟演练。

2. 任务目标

① 掌握旅客携带危险品的应急处理方法。

② 培养和提高学生对旅客携带危险品的应急处理能力。

3. 任务准备

① 场地：应急处理模拟演练实训场地。

② 角色：旅客 1 名，安检人员 2 名，民警 1 名。

③ 道具：对讲机若干，手持检测仪。

4. 任务流程

① 将全班学生分成若干组，每组 4 人。

② 每组根据所给情景或自行设置情景，编写演练脚本，并据此反复进行预演，逐步完善，同时将小组名称、演练过程等填入表 3-10 中。

③ 各小组分别进行汇报演练。

④ 汇报演练结束后，各小组互评，教师对各小组的汇报演练进行点评，指出演练中存在的问题。教师可按表 3-10 给各小组评分。

表 3-10　旅客携带危险品应急处理模拟演练表

小组名称	
演练过程	

（续表）

演练评分	是否积极参与（20 分）	
	整体组织指挥是否协调（20 分）	
	岗位分工是否明确（20 分）	
	内容是否准确、完整（20 分）	
	表达是否流畅、清晰和得体（20 分）	
	总分（100 分）	
存在的问题		

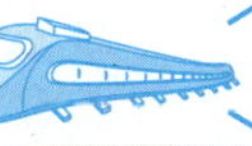

榜样力量

抗洪抢险，铁路人毫不逊色

某年夏，百年一遇的洪水来势汹汹。为打赢抗洪的“阻击战”，铁路人不怕辛苦、克己奉公、埋头苦干，始终把国家、人民安全放在第一位。

强化隐患排查整治，确保运输安全。为防止小隐患变成“大窟窿”，铁路部门全面开展隐患排查整治活动。一是利用电子地图、无人机、视频监控等手段精准防控，充分将现代信息科学技术融入防洪防汛工作当中，消除盲区，做到精准施策。二是对铁路线路加强巡视检查，拿出“绣花功夫”，对汛期风险点、薄弱地段进行巡查，对存在安全风险及隐患的地方迅速处置并强化“回头看”，从源头堵住防洪漏洞。三是各单位合力共为，统筹调度工作，做到信息共享共用，精准梳理防洪安全薄弱环节，扎实做好隐患排查整治，确保汛期铁路安全。

强调路地协调联动，确保防洪效果。一是铁路部门积极主动联系地方防洪部门，根据各地防洪特点有效制订预案，在铁路沿线设置接警电话标牌，储备防洪物资设备，并在确保铁路防洪安全的同时，积极协助地方做好防范措施。二是发挥群防群治作用，通过加大宣传力度，发动沿线群众第一时间报告险情，为防范灾害事故提供全方位的保障。三是用好最新科技手段，通过安装北斗位移监测系

统，和地方防洪部门无缝对接，结合大数据实时监测地质变化，确保险情能够及时发现和处理。

防洪一线党旗飘，安全运输我有责。为了全面打赢这场防洪狙击战，铁路部门党员率先冲锋，成立党员攻关突击队，攻坚克难。一是为确保旅客列车绝对安全，他们以党员为主，对铁路低洼和铁路桥梁等关键部位 24 小时轮班值守，监控天气、雨情和降雨量的变化，树立了“洪水不退，我不退”的决心。二是为了提高应急处置能力，保证应急处置效果，他们以党员作为骨干，组建了一支又一支的应急队伍，细致安排，精心演练，简化应急处置流程。三是为广大旅客送上温馨优质的服务，他们以党员为主体，压实人员责任，全力做好途中餐饮、用水服务，做好旅客退票改签工作，减少旅客损失，保障旅客后续行程顺畅，真正做到想旅客之所想，让旅客体验宾至如归的高质量服务。

面对严峻的汛情，铁路人有担当有作为。党员倾力奉献，职工彻夜奋战，在无情的洪水面前筑起一道坚实的防线。坚守是因为信念，信念来自信仰，信仰来自对人民群众出行的高度负责。

（资料来源：https://www.chnrailway.com/html/20200824/1920084.shtml）

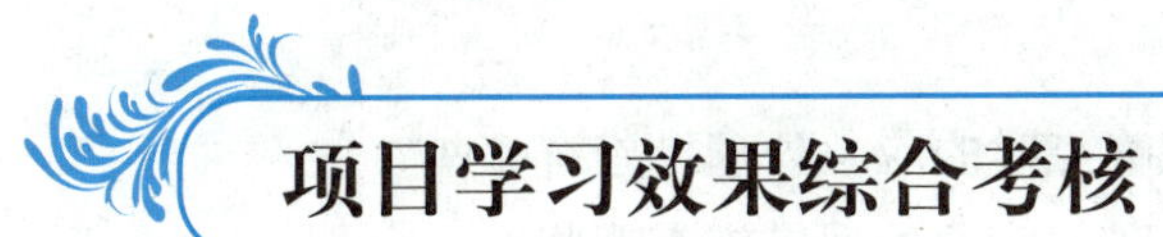

项目学习效果综合考核

1. 填空题

（1）车站发生火灾的主要原因有____________、____________、____________和____________。

（2）若候车室压力过大，可采取“____________”的方式，提前打开列车车门，让旅客在车厢内等候。

（3）根据产生故障原因的不同，客票系统故障可分为____________、____________、____________和____________。

（4）在车站内发现疑似鼠疫、霍乱等重大疫情的患者或疑似患者时，工作人员应立即报告____________。

（5）若旅客伤害是由铁路设施设备或铁路工作人员失误而造成的，为旅客办理退票时由____________签字，不再核收退票费。

（6）发生斗殴事件时，如事件涉及人数较多或持有刀具、枪械、爆炸物等，值班站长应立即执行____________，通知各岗位人员注意自身安全。

（7）车站发现旅客精神异常时，可不允许其进站乘车，并为其办理______________。

（8）危险品包括________________、_____________________、________________和______________等。

2. 判断题

（1）晚点列车到站时，车站人员可不必到站台接车。（　　）

（2）车站要根据晚点动车组列车提供免费食品的规定，做好对旅客的应急供应工作。（　　）

（3）车站要加强与路局客票所的联系和沟通，及时了解售票情况，增开售票、退票、改签窗口，并维护好售票厅秩序。（　　）

（4）为了避免车站发生火灾事件，车站要广泛开展车站防火宣传工作，加强日常设备的检查与维修。（　　）

（5）售票员进入应急售票系统时，可直接进行售票。（　　）

（6）恢复联网售票时，应先恢复应急售票窗口的联网售票，再恢复非应急售票窗口的联网售票。（　　）

（7）车站发生突发治安事件时，车站工作人员应配合公安人员工作。（　　）

（8）对查获的有毒、放射性、易腐蚀的物品，应隐蔽放置，做到堆码整齐、稳固，使其与感光器材和人的距离不小于 0.5 米。（　　）

3. 简答题

（1）发生列车大面积晚点时的应急处理措施有哪些？

（2）车站突发大客流时的应急处理措施有哪些？

（3）车站发生火灾时，铁路相关工作人员应如何进行应急处理？

（4）简述客票系统故障信息报告流程。

（5）客票系统发生故障时的应急处理措施有哪些？

（6）为了避免车站突发重大疫情，应采取哪些预防措施？

（7）发生旅客人身伤害及突发伤、急病事件时，车站工作人员应如何对受伤旅客（患者）进行救治？

（8）车站突发治安事件时的应急处理措施有哪些？

（9）发现精神异常旅客且其无同行人时，车站应如何进行应急处理？

（10）为了避免旅客携带危险品进站乘车，铁路相关部门应采取哪些预防控制措施？

项目 4　红十字应急抢救

应急抢救是指当有意外或急病发生时，施救者在医护人员到达前，按医学救护的原则，利用现场物资为伤病者进行初步救治的过程。作为一名铁路工作人员，熟练掌握各种应急抢救的方法与措施，对于减轻患者痛苦、减少伤残和挽救生命，具有十分重要的意义。

本项目主要介绍了红十字应急抢救的基础知识，具体包括认识铁路红十字药箱、心肺复苏、现场创伤救护和掌握应急抢救手语。

知识目标

（1）熟悉铁路红十字药箱的配备原则和配备标准，掌握其使用原则和管理方法。

（2）掌握心肺复苏的操作步骤。

（3）掌握止血、包扎、固定、搬运四项基本救护技术。

（4）掌握简单的应急抢救手语。

能力目标

（1）能够检查铁路红十字药箱内药品是否齐全，正确使用红十字药箱。

（2）能够判断需要心肺复苏的情形，能进行规范的心肺复苏操作，明确心肺复苏的成功指标和终止条件。

（3）能够进行现场创伤检查，判断创伤情况，对患者进行所需的止血、包扎、固定或搬运。

（4）能够熟练运用简单的应急抢救手语。

（5）具备应对紧急状况的能力。

素质目标

（1）弘扬投入国家建设的爱国精神，树立勇担时代使命的奋斗意识。

（2）增强防患于未然、生命高于一切的意识。

（3）树立以旅客为本的服务意识。

任务 4.1 认识铁路红十字药箱

引导案例——药箱“护驾”：铁路服务就是这么周到！

某日，在疾驰的南昌客运段××次列车上，一名5岁儿童突发高烧，体温高达40℃，并且一度抽搐，其父母吓得满头大汗。闻讯赶来的当值列车长了解情况后，立即从带来的红十字药箱中取出退热贴给孩子贴上，并让其服用退烧药，为其擦拭医用酒精，最终孩子转危为安。

思考：所有旅客列车上都配备红十字药箱吗？红十字药箱中除了有退热贴、退烧药、医用酒精外，还有什么呢？

（资料来源：http://news.gaotie.cn/pinglun/2016-02-15/305738.html）

知识储备

4.1.1 铁路红十字药箱的定义

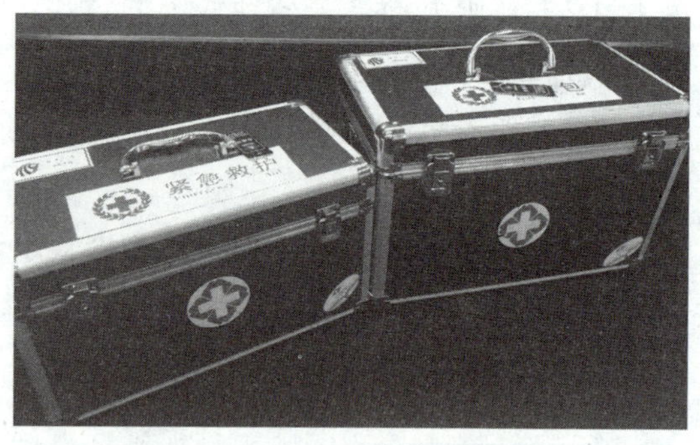

铁路红十字药箱简称药箱，是指当旅客或铁路职工在旅客列车、客运车站及沿线小站、工区突发疾病或意外伤害时，用于应急救助、装有非处方药与器械的便携式箱子。

如果旅客在车站、列车发生意外或突发疾病，那么铁路红十字药箱便是旅客重要的生命保障。

小贴士

非处方药是指为方便公众用药，在保证用药安全的前提下，经国家卫生行政部门规定或审定后，不需要医师或其他医疗专业人员开具处方即可购买的药品。一般公众凭自我判断，按照药品标签及使用说明即可自行使用非处方药。

武汉客运段“红十字救护员”为暑运旅客护航

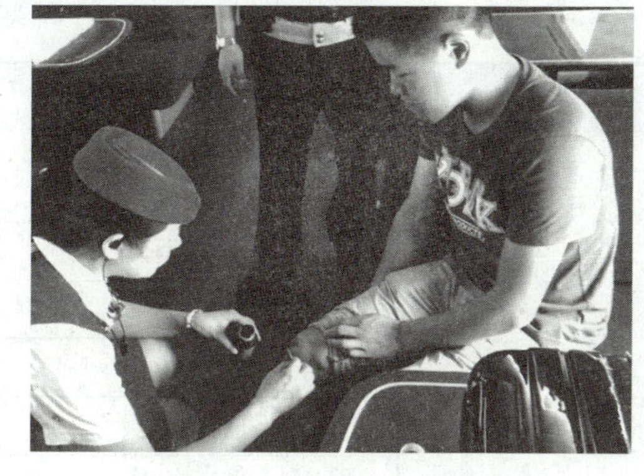

每年暑运期间，由于天气炎热，铁路客流量大，旅客因发生意外而受伤或突发疾病的情况都会增多。为了增强铁路职工的急救能力，某年暑运期间，武汉客运段分批次组织200余名职工进行了红十字救护知识培训，培训内容包括心肺复苏、创伤救护等，还特别针对列车上旅客出现的中暑、烫伤等常见意外伤害传授了相关处置方法。经过理论和实操考试合格后，铁路职工将获得武汉市红十字会颁发的“红十字救护员”培训合格证。另外，该客运段在每趟列车上均配备了红十字救护员和红十字药箱，以应对各种意外状况。

当年7月12日，一名旅客乘坐了从广州南至武汉的××次列车。列车开出不久后，该旅客在上厕所途中晕倒，列车红十字救护员及时采取措施，一边用手掐旅客的虎口，一边让乘务员拿来水让其喝下，并在其太阳穴擦拭风油精，这名旅客很快便恢复了意识。7月15日，北京西至武汉的××次列车从许昌东开出，列车长发现8车一名旅客满脸伤痕，左手腕红肿，询问得知这名旅客骑电动车到车站的途中发生了车祸，可能由于天气炎热致使伤口感染。列车长立即拿来红十字药箱，为旅客清理伤口并进行包扎，缓解了旅客的疼痛。

（资料来源：https://www.sohu.com/a/106461658_162676）

4.1.2　药箱的配备原则

药箱内应该配置国家基本药物范围内的常用、安全、方便、有效的非处方药、消毒剂及临床常用的诊疗用具。其中，非处方药应包括治疗突发性心血管疾病、高热、咳喘、腹泻、眩晕、过敏、疼痛、外伤出血的药品。

4.1.3　药箱的配备标准

根据配置情况的不同，药箱可分为甲类药箱、乙类药箱、丙类药箱三类。各类药箱配备的药品及器械种类如下。

1. 甲类药箱配备的药品及器械种类

1）药品类

甲类药箱配备的药品主要包括口服药和外用药，具体如表 4-1 所示。

表 4-1 甲类药箱配备的药品

药品类别		具体药品及数量
口服药	感冒、退热、止咳化痰类	氨咖黄敏胶囊 5 盒、小儿氨酚黄那敏颗粒 1 盒、美酚伪麻片 1 盒、羧甲司坦片 1 盒
	平喘类	二羟丙茶碱片 1 盒
	止泻类	盐酸小檗碱片 1 瓶、口服补液盐 1 袋
	抗过敏类	盐酸异丙嗪片 1 盒
	抗眩晕类	氢溴酸东莨菪碱片 1 盒
	心血管类	速效救心丸 1 瓶
	其他	云南白药 1 盒、藿香正气丸 1 盒
外用药	退热类	小儿退热贴 1 盒、小儿布洛芬栓 1 盒
	外伤类	湿润烧伤膏 1 支、碘伏 1 瓶、苯扎氯铵贴 1 盒
	其他	清凉油 1 盒、松节油搽剂 1 瓶

2）器械类

甲类药箱配备的器械主要包括表式袖带血压计（见图 4-1）1 台、听诊器（见图 4-2）1 个、体温计 2 支、袖珍手电筒 1 个、大剪刀 1 把、16 厘米弯头和直头止血钳（见图 4-3）各 1 把、12 厘米直镊子 1 把、消毒棉（签、球）、医用胶带 1 卷、三角巾 4 个、无菌纱布 1 包、无菌绷带 1 轴、弹力绷带 1 卷、橡胶止血带 3 根、保护带 2 条、无菌手套 3 副、呼吸面膜 2 片、一次性压舌板（见图 4-4）4 片、一次性产包 1 个、一次性连体防护服 3 件、一次性口罩 6 个。

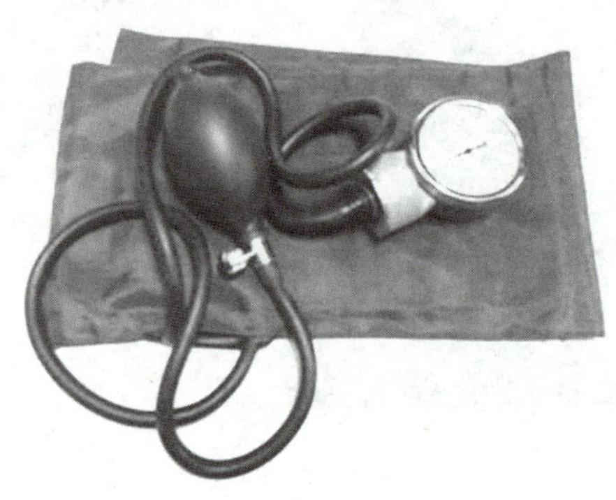

图 4-1 血压计

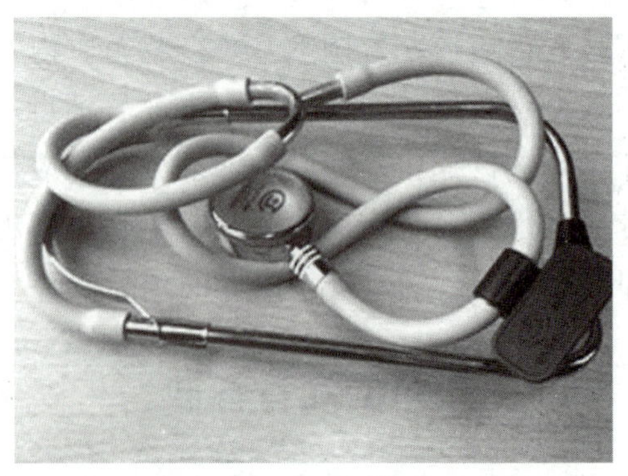

图 4-2 听诊器

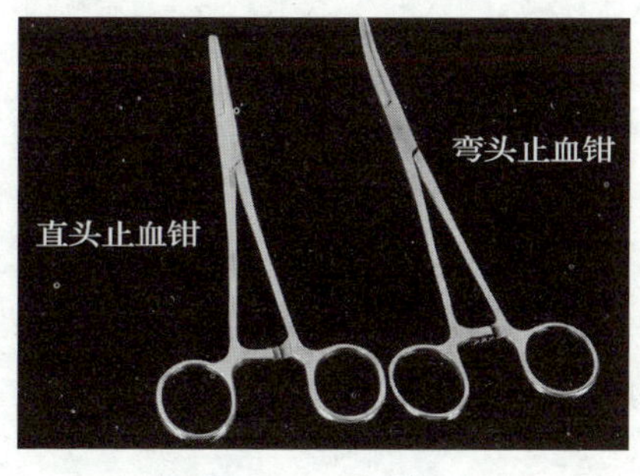

图 4-3　止血钳

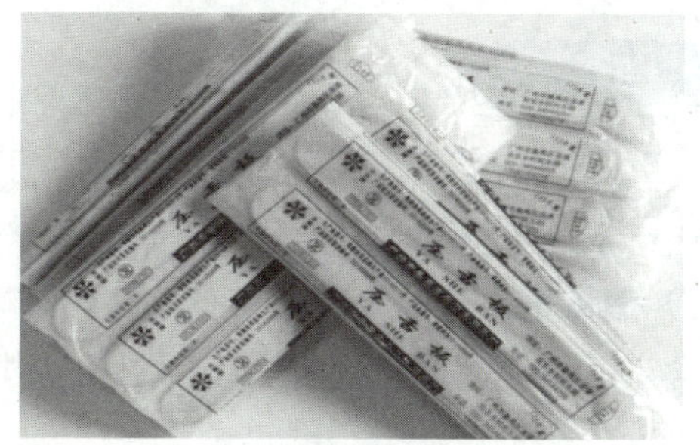

图 4-4　压舌板

3）消毒剂

含氯消毒片剂或粉剂 1 瓶/包，用于环境及物品消毒，单独放置。

2. 乙类药箱配备的药品及器械种类

乙类药箱的配备参照甲类药箱，但器械类不配置保护带、一次性产包，其他药品及器械数量相比于甲类药箱的可酌情减少。

3. 丙类药箱配备的药品及器械种类

1）药品类

丙类药箱配备的药品主要包括口服药和外用药，具体如表 4-2 所示。

表 4-2　丙类药箱配备的药品

药品类别		具体药品及数量
口服药	感冒、退热、止咳化痰类	氨咖黄敏胶囊 5 盒、美酚伪麻片 2 盒、羧甲司坦片 2 盒、复方甘草片 1 瓶
	平喘类	二羟丙茶碱片 1 盒
	抗过敏类	盐酸异丙嗪片 1 盒
	抗眩晕类	氢溴酸东莨菪碱片 1 盒
	心血管类	速效救心丸 1 瓶
	胃肠道类	多潘立酮片 1 盒、盐酸小檗碱片 1 瓶、口服补液盐 2 袋、氢氧化铝复方制剂 1 袋
	其他	云南白药 1 盒、蛇药片 1 盒、藿香正气丸 1 盒
外用药	外伤类	湿润烧伤膏 1 支、碘伏 1 瓶、苯扎氯铵贴 1 盒
	其他	氯霉素滴眼液 3 支、驱风油 1 瓶、复方丁香罗勒油（红花油）1 瓶、松节油搽剂 1 瓶、伤湿止痛膏 1 盒

2）器械类

丙类药箱配备的器械主要包括血压计 1 台、听诊器 1 个、体温计 2 支、袖珍手电筒 1 个、大剪刀 1 把、16 厘米弯头止血钳 1 把、消毒棉（签、球）、医用胶带 1 卷、三角巾 2 个、无菌纱布 1 包、无菌绷带 1 轴、弹力绷带 1 卷、橡胶止血带 2 根、无菌手套 2 副。

想一想

丙类药箱所配器械与甲类有何不同？

3）消毒剂

含氯消毒片剂或粉剂1瓶/包，用于环境及物品消毒，单独放置。

4.1.4 药箱的使用原则

1. 列车及车站的药箱配置

① 甲类药箱配置：单程全程运行时间超过4小时、运行区间超过1小时或总运行距离超过1 000千米的旅客列车。

② 乙类药箱配置：客运车站或达不到上述条件的旅客列车。

③ 丙类药箱配置：沿线小站、工区。

各铁路局可根据本局旅客列车使用药品及器械的情况，适当增加其配置数量。

2. 使用规定

① 药箱内药品与器械（以下简称药械）仅限于在旅客列车运行中、旅客候车期间及职工工作期间，旅客或铁路职工突发疾病或意外伤害时的简易救治。

② 在旅客列车上遇到旅客突发伤病时，乘务员应通过列车广播向旅客中的医务工作者求助。列车红十字救护员立即携带药箱到达现场，并对伤病员及时实施初步救护。红十字救护员在紧急救护时应将有关情况告知伤病员及同行旅客。

③ 在车站遇到旅客突发伤病需要紧急抢救时，车站工作人员应立即联系120急救中心，同时通过车站广播向旅客中的医务工作者求助。在120救护车到来之前，车站红十字救护员立即携带药箱到达现场，并对伤病员及时实施初步救护。红十字救护员在紧急救护时应将有关情况告知伤病员及同行旅客。

④ 红十字救护员用完药械后，应当客观、翔实地填写药械使用登记表。登记表应包含使用日期、药品名称、数量、发放人签名和使用人签名。

⑤ 各管理单位每月补充药械时，应携带上月的药械使用登记表及药械补充申领表。列车红十字药箱内的药械每次使用消耗后，管理单位应在返乘时及时向客运段申领补充，

确保在出乘时药械齐全。其他单位红十字药箱内的药械每月补充一次，如有特殊情况，药械用完可随时申请补充。

复兴之路

联合培训，推进救护知识普及

山西省红十字会与太原铁路局连续多年联合举办应急救护培训。培训采用大班与小班相结合的方式，大班针对铁路运输行业的特点，介绍红十字药箱药械的适用范围、使用方法，列车常见突发疾病的症状及应急处置原则，现场救护理论知识。小班则主要进行心肺复苏、创伤救护、紧急避险等实际操作技能训练。

公众救护知识的普及对降低突发事件的伤残率有重要作用。作为服务万千旅客的铁路工作者，为了更好地应对列车运行过程中的突发情况，必须要学习救护知识，树立防患于未然的意识。

（资料来源：https://www.chnrailway.com/html/20140411/364128.shtml）

4.1.5 药箱的管理

1. 放置地点与标识

旅客列车红十字药箱放置于列车医疗点，客运车站红十字药箱放置于候车室，工区红十字药箱放置于方便使用的地方。放置红十字药箱的位置应设置紧急救护标识。紧急救护标识和药箱外标识统一使用红十字标识，如图 4-5 所示。

图 4-5 红十字标识

2. 使用证和清单目录

每个药箱内应有使用证（见图 4-6）和清单目录，使用证应有发证机构的盖章，清单目录包括药品品名、数量及有效期。

铁路红十字药箱使用证

单位名称：

使用地址：

适用范围：旅客或铁路职工突发急病或创伤时，简易救治免费使用。

发证机关：　　　　(盖章)

图 4-6 铁路红十字药箱使用证

3. 管理人员

强化列车红十字药箱管理

药箱由经过初级及以上红十字救护培训并取得合格证的红十字救护员专门负责管理。红十字救护员应及时检查药品的完整性和有效期，上级管理部门适时对药箱的使用情况进行检查与指导。

4. 药品回收

使用单位不得随意丢弃过期药品，而应做好登记工作，交回给配备部门，由配备部门交回医药部门集中销毁，以防流入非法渠道。

动车组上的流动医务室

××次列车运行至南京时，4 号车厢的一名旅客叫住了正在巡视车厢的乘务员："乘务员，我头晕得厉害，有晕车药吗？"乘务员微笑着说："请您跟我一起去乘务室，我们列车上有。"随后，乘务员迅速从药箱中取出晕车贴，并亲自为旅客贴上，缓解了旅客晕车的不适。

据了解，武汉铁路局客运段的所有动车车次上都有流动的医务室，并配备了药箱，药箱内有晕车贴、感冒药等常备药品。另外，列车上的红十字救护员每月会定期核对并及时补充药箱，检查更换过期变质药品，以保证每个药箱药品种类齐全，且无质量问题。暑运期间，百余名患病或身体不适的旅客得到了及时帮助，小小药箱发挥了巨大作用。

（资料来源：https://www.chnrailway.com/news/201098/2010981058294613842O.shtml）

青岛客运段强化列车红十字药箱管理

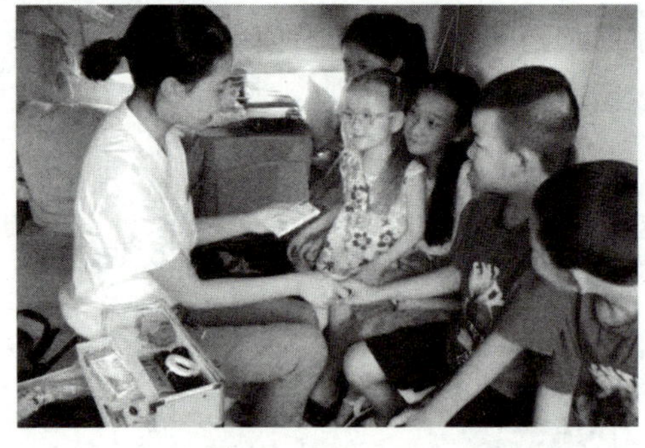

暑运期间，持续不退的高温天气导致急于赶车的旅客出现中暑等身体不适的情况增多，为了应对这种情况，青岛客运段成都车队加强了列车红十字药箱的管理工作。列车红十字药箱按规定配足、配齐了清凉油、体温计、血压计等常用药品和器械，增加了防暑药品的种类和数量，为途中有需要的旅客免费提供，真正发挥应急作用。

与此同时，该车队还举办了下车厢免费送药活动，此举受到了旅客的一致好评。仅成都车队所担当的列车就在暑运值乘中及时为十多名出现中暑症状和突发疾病的旅客提供了及时的救治，确保了暑期旅客的出行安全。

（资料来源：http://news.qtv.com.cn/system/2019/08/10/015447956.shtml）

任务实施——你问我答认药品、识器械

1. 任务描述

老师向学生介绍药箱及内部药品和器械，全班学生分组进行认知练习，老师对练习情况进行考核评分。

2. 任务目标

① 掌握铁路红十字药箱内药品和器械的配置情况。

② 能够正确使用铁路红十字药箱。

3. 任务准备

① 场地：活动实训场地。

② 物资：铁路红十字药箱若干。

4. 任务流程

① 老师作为讲解员向学生介绍药箱及内部药品和器械。

② 将全班学生分成若干组，每组 5～8 人。

③ 各组学生分别进行“你问我答”游戏，认识药箱内的药品和器械。

a. 药品认知：一名学生从药箱中取出一种药品，其他学生说出该药品名称及作用，属于口服药还是外用药，并判断该药品配备于哪类红十字药箱中。

b. 器械认知：一名学生从药箱中取出一种器械，其他学生说出该器械名称及作用，并判断该器械配备于哪类红十字药箱中。

④ 老师现场考核，并将考核成绩填入表 4-3 中。

表 4-3　任务实施评估表

评分内容	评分	得分	存在的问题
是否积极参与活动	20 分		
药品认知	40 分		
器械认知	40 分		
总分	100 分		

任务 4.2　心肺复苏

引导案例——火车上紧急救人，上演暖心一幕

某日，五十多岁的刘阿姨在火车开出不久后，突然感到不适，呼吸困难，随即昏倒。闻讯赶来的京五组列车长李红马上疏散人群，轻拍、呼唤刘阿姨，见其没反应后，便急忙通知列车广播员寻医救助，并迅速为刘阿姨进行心肺复苏。

李红先让刘阿姨头部后仰，使其呼吸道畅通，然后对其进行胸外心脏按压和人工呼吸。经持续按压及吹气后，刘阿姨终于有了呼吸，缓缓睁开了双眼，并指了指自己的衣服口袋。李红会意后，从其口袋翻出一瓶速效救心丸，并从中取出一粒让她服下。片刻后，刘阿姨的症状得以缓解，并逐渐恢复了正常。一位赶过来的医护旅客夸奖李红："列车长，看你的救护过程，你应该进行过专业培训吧，救护很及时，而且动作准确、规范。"李红说："我们之前确实学过一些常见急病的救护常识及方法，另外，我们也从长期的乘务工作中积累了一些经验。"

刘阿姨的老伴紧紧拉着李红的手感激地说："是你救了我老伴的命！谢谢……"这感人的一幕引得其他旅客纷纷点赞。

思考：无论是在普速列车还是在高速列车上，心肺复苏都是列车工作人员需要掌握的重要应急抢救方法。为什么心肺复苏如此重要呢？在本案例中，列车长的做法有什么值得学习的地方？

（资料来源：http://jc.wenming.cn/baoguagntai/201811/t20181113_5543043.html）

知识储备

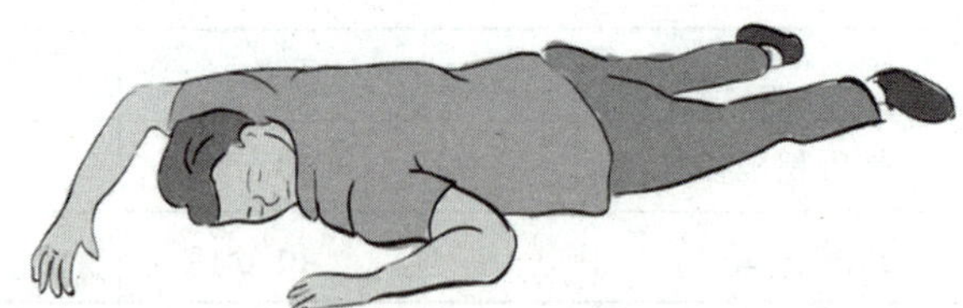

4.2.1　心肺复苏概述

心肺复苏（CPR）是指呼吸、心搏骤停时所采用的一种急救技术。心肺复苏主要是通过胸外心脏按压形成暂时的人工循环并恢复自主循环，用人工呼吸替代自主呼吸，最终达到挽救患者生命的目的。它能在救护车到来前，为患者争取抢救时间，对挽救患者生命至关重要。

在患者呼吸、心搏骤停后，心肺复苏越早，患者的存活率越高。呼吸、心搏骤停时间与存活率之间的关系如表 4-4 所示。

表 4-4　呼吸、心搏骤停时间与存活率的关系

呼吸、心搏骤停时间/分钟	存活率/%
<4	50
4～6	10
6～10	1
>10	0

通常情况下，如果在患者心搏骤停 4 分钟内实施急救，那么抢救成功率约为 50%。因此，医学上有“黄金 4 分钟”之说。可见，时间就是生命，能否在这个黄金时间内正确施救便成了应急救护的关键。

心脏急救中最严重的情况就是心搏骤停，即心脏射血功能突然终止，导致重要器官严重缺血、缺氧，如果不及时干预，将导致生命终止。这种出乎意料的突然死亡，在医学上又被称为猝死。中国猝死的总人数每年高达 54 万，每天约有 1 500 人猝死，而 60%以上都发生在院外。若人们能正确掌握心肺复苏术，快速采取急救措施，则可有效减少猝死事件。

铁路红十字救护员与时间赛跑

某日 12 时 30 分左右，××站迎来了一天中最繁忙的时刻。正在二楼候车室巡视的客运值班员于文龙突然听见对讲机里传来紧急呼叫：“一名五十多岁的旅客昏倒在电梯口，已失去意识！”

于文龙迅速赶到现场后发现，该旅客呼吸微弱、心跳减弱，可能是心脏病突发，必须立即送医院，否则会有生命危险。于是，于文龙让周围旅客拨打 120 急救电话，让车站广播寻找医护人员。时间就是生命，于文龙在医护人员到来之前，立即采取措施，紧急疏散人群、让发病旅客平躺、为其做心肺复苏……于文龙对每个步骤都格外谨慎，与时间赛跑。两位熟悉急救常识的热心旅客也伸出援助之手，3 个人轮番上阵。十多分钟后，该旅客的意识逐渐恢复，呼吸趋于平稳。

（资料来源：http://news.huochepiao.com/2019-3/201931494202.htm）

4.2.2　心肺复苏的操作步骤

心肺复苏的操作步骤包括判断意识、立即呼救、摆放体位、判断呼吸、开放气道、胸外心脏按压、人工呼吸和再判断，如图 4-7 所示。

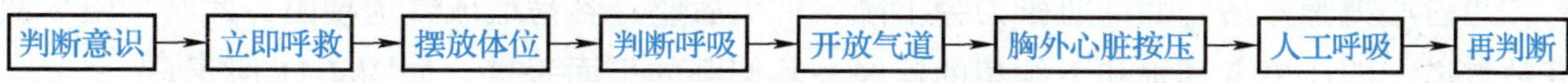

图 4-7　心肺复苏的操作步骤

在实施心肺复苏前，应确保现场环境安全。

1. 判断意识

当发现有人昏倒时，应在5～10秒内判断其是否还有意识，如轻拍患者双肩（见图4-8），大声呼唤患者：“喂！你怎么了？快醒醒，快醒醒！”注意轻拍重喊，切勿摇头、拍脸或随意晃动患者身体。

2. 立即呼救

若患者有意识，应立即拨打120急救电话，并继续观察患者情况，等待救援人员到达。若患者无意识，应立即找人帮忙拨打120急救电话，如果有条件可派人取来除颤仪。与此同时，询问现场有无懂得急救的人员协助救治。

3. 摆放体位

实施救护前，应先让患者仰卧在硬平面上，如果患者不在仰卧位，要将患者翻转，翻转时要注意保护患者的脊柱，特别是颈部，如图4-9所示。体位摆放正确后，救护人员跪在患者一侧，双膝与肩同宽，一侧膝关节与患者肩部平齐。

4. 判断呼吸

判断呼吸的方法为“一看、二听、三感觉”。

“一看”是抢救人员贴近患者头侧，视线以患者胸廓切线方向观察其胸廓的起伏情况，如图4-10所示。

“二听”是抢救人员在患者口鼻处听有无呼吸声。

“三感觉”是抢救人员用面部靠近患者口鼻，感觉有无气体呼出。

图4-8　判断患者意识

图4-9　摆放体位

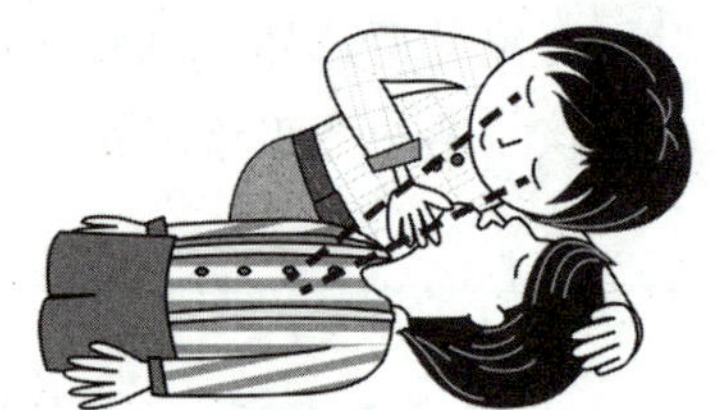

图4-10　判断呼吸

5. 开放气道

患者心搏骤停后，咽部肌张力会下降，舌头后坠，容易造成气道梗阻。此时，应尽快开放气道，即让患者耳垂和下颌角的连线与其仰卧的平面垂直，如图4-11所示。

在短时间内，迅速将患者的领带、衣领、拉链等解开，清除其口鼻内的异物。

图 4-11　开放气道

小贴士

“立即呼救”“摆放体位”“判断呼吸”“开放气道”的先后顺序，可视具体情况调整。

6. 胸外心脏按压

如果患者无呼吸，此时需要进行胸外心脏按压，按压的位置在胸骨交叉点往上两个手指的位置，如图 4-12 所示。

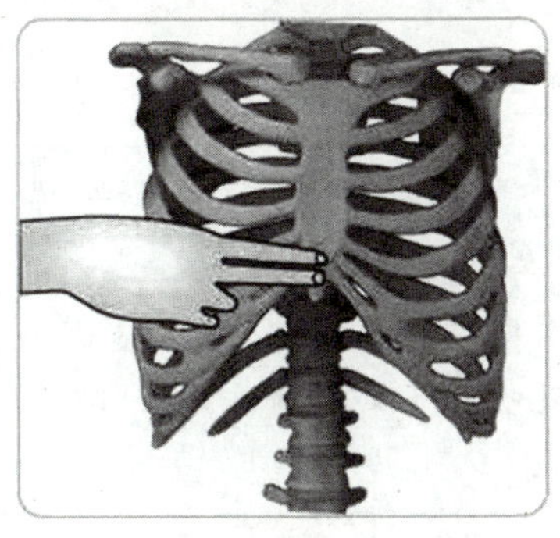

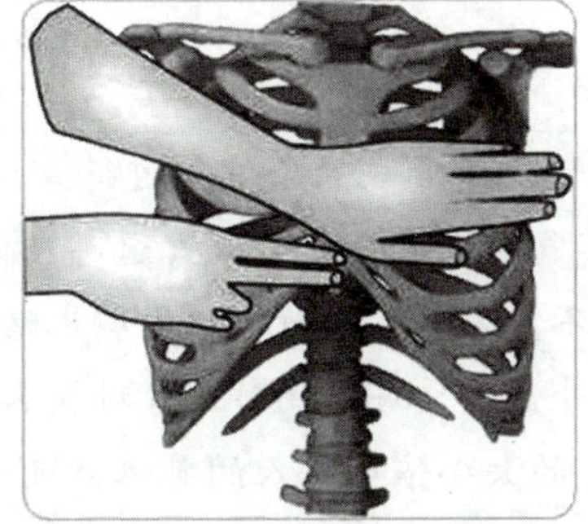

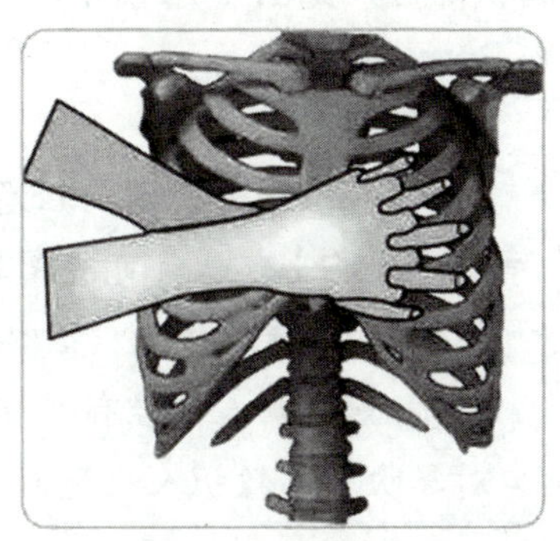

图 4-12　胸外心脏按压定位

按压时，先将左手掌根放在胸部中央，保证按压的力量集中于胸骨上，以免造成肋骨骨折；再将右手掌根放在左手的手背上，使两手掌掌根重叠，右手手指交错扣住左手，左手手指翘起，身体稍向前倾斜，使肩膀位于手的正上方，两臂伸直，垂直向下按压，如图 4-13 所示。

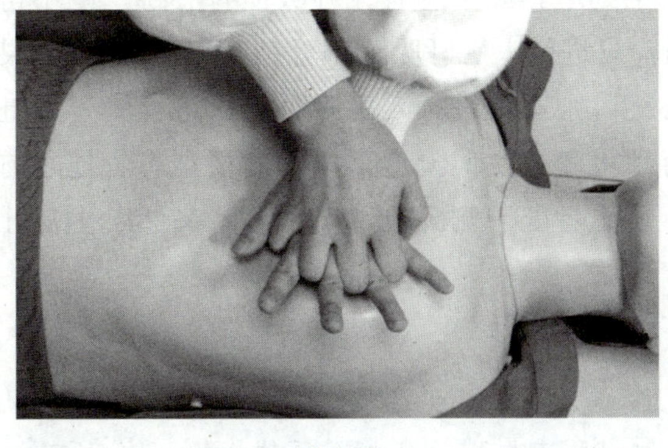

（a）手指翘起

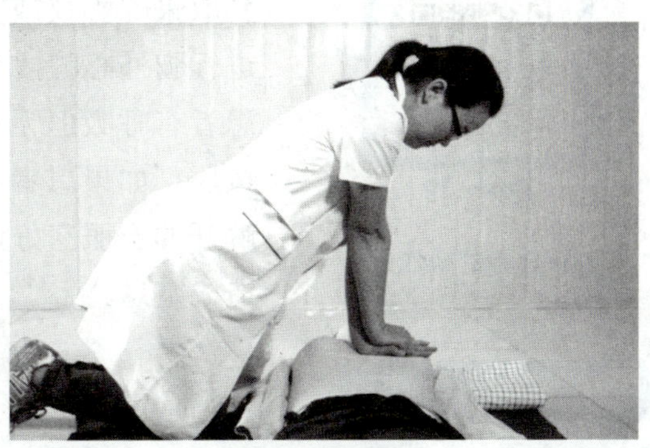

（b）垂直向下按压

图 4-13　胸外心脏按压

按压频率为100～120次/分，按压深度为5～6厘米。按压与弹开的时间大致相等，弹开时要使胸廓恢复到正常位置，且定位的手掌根部不能离开定位点。按压时，要观察患者面部有无红润，如果患者面部红润说明心肺复苏的胸外心脏按压有效。

7. 人工呼吸

用拇指和食指紧捏患者双侧鼻翼，深吸一口气，用双唇严密包围患者口唇，缓慢、持续地向患者肺内吹气。每次吹气持续1秒钟以上，吹气频率大约为5秒钟一次，每次吹完气后松开患者鼻子。吹气的同时用余光观察患者的胸部，见到患者胸部出现起伏即可，如图4-14所示。

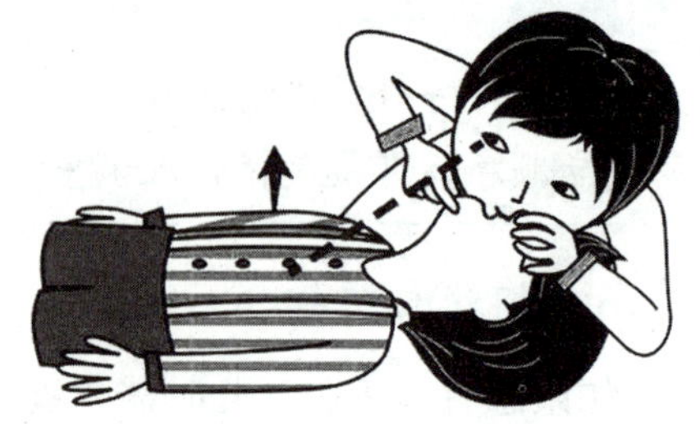

图4-14　人工呼吸姿势

小贴士

① 人工呼吸一定要在患者气道开放的条件下进行。如果吹气时感觉阻力增加或观察患者无胸部起伏，可能是其气道未完全开放或气道存在堵塞物。

② 向患者肺内吹气时，不宜太急、太多，仅需胸部略有起伏即可。

③ 如果病人口腔有严重外伤或牙关紧闭时，可对其鼻孔吹气（必须堵住口），即为口对鼻吹气。救护人吹气力量的大小依据病人的具体情况而定。

8. 再判断

以开放气道、30次按压、吹气2次为一个周期，2分钟内完成五个周期，然后换人，换人需在5～10秒内完成。换人后要再次判断患者的呼吸和心跳，根据患者的呼吸和心跳情况采取不同的措施。

心肺复苏的操作方法

如果患者仍然无呼吸、无心跳，则反复进行心肺复苏，直到取来除颤仪或医生到达。如果患者无呼吸但有心跳，则不再进行胸外心脏按压，只进行人工呼吸，每分钟吹气10次。如果患者有呼吸但无心跳，则不再进行人工呼吸，只进行胸外心脏按压。如果患者有呼吸和心跳但无意识，只需要帮患者把之前解开的衣服穿好，让患者处于侧卧位，以免患者突然发生呕吐造成窒息。

课堂小剧场

假如你是一名动车组乘务员，在巡视车厢过程中发现一名旅客突然昏倒，你应该如何做？请进行现场模拟。

4.2.3　心肺复苏成功的指标

心肺复苏成功的指标如下。

① 自主呼吸逐步恢复，大动脉搏动。

② 双侧瞳孔变小。

③ 面色由苍白、青紫转为红润。

④ 患者眼球能活动，手脚抽动，开始呻吟。

4.2.4　心肺复苏终止的条件

满足以下条件之一时，可以终止心肺复苏。

① 患者已经恢复自主呼吸和心跳。

② 有专业医务人员到场接替。

③ 救护人员已筋疲力尽而不能继续进行心肺复苏。

④ 医务人员确定患者已经死亡。

心肺复苏应连续进行，在需要检查呼吸、脉搏等生命体征的情况下，也不能停止超过 10 秒钟。

任务实施——抢救呼吸、心搏骤停患者的应急处理模拟演练

1. 任务描述

老师向学生介绍抢救呼吸、心搏骤停患者的步骤和注意事项，全班学生分组进行练习，老师进行考核评分。

2. 任务目标

① 掌握抢救呼吸、心搏骤停患者的应急处理方法。

② 培养和提高学生对抢救呼吸、心搏骤停患者的应急处理能力。

3. 任务准备

① 场地：应急处理模拟演练实训场地。

② 物资：心肺复苏训练模拟人。

4. 任务流程

① 老师作为讲解员向学生介绍抢救呼吸、心搏骤停患者的步骤和注意事项。

② 将全班学生分成若干组，每组 5～8 人。

③ 各组学生分别进行心肺复苏练习。

④ 老师现场考核，并将考核成绩填入表 4-5 中。

表 4-5　任务实施评估表

评分内容	评分	得分	存在的问题
是否积极参与活动	20 分		
操作步骤是否完整	40 分		
操作是否准确、规范	40 分		
总分	100 分		

任务 4.3　现场创伤救护

引导案例——多亏懂急救的乘务员

某年 12 月 20 日，家住郑州的王先生因右膝关节退行性病变，在北京做了膝关节微创手术。23 日下午，他预订了 13 时 30 分的××次高铁票回郑州。

当天下午，拄着双拐的王先生赶到××站，进站乘车。虽然从候车室到站台上的路途只有一千多米，但对王先生来说却非常不易，到站台时他已累得满头大汗、气喘吁吁。当离发车仅剩 3 分钟，距所要乘坐的 16 号车厢还有 30 米时，王先生快速向车厢走。突然，站台上几个人大声叫着“血，血，血……”。王先生止步一看，只见鞋面上全是血，身后还留下一串带血的脚印，但他已顾不了那么多，仍然快步向前走。最终，王先生及时上车，并瘫坐在座位上，此时火车也缓缓开动了。

16 车乘务员闻讯后立即赶来，并通知了列车长。两人之前都参加过急救专业培训，于是立即从拿来的药箱中取出纱布，将其垫在王先生的出血点上，再用三角巾包扎、勒紧，血立即停止外流。随后两人又给王先生调整座椅，让王先生平躺，以减轻腿部压力。

待这一切处理妥当后，列车长又马上与车站联系，通知其做好接车准备，并联系了王先生的家属。下午 4 点，列车准时驶入郑州东站，车站助理值班员及病人家属已在车厢门口等候。随后，王先生被送到医院，医生检查后说，幸亏处理及时，否则后果不堪设想。

思考：在此次事件中，多亏乘务员和列车长懂得止血的方法，王先生才得到了及时的救治。那么，你知道常用的止血方法都有哪些吗？该案例中使用的是哪种方法呢？

（资料来源：http://views.ce.cn/view/ent/201312/27/t20131227_2006205.shtml）

知识储备

创伤是指各种物理、化学或生物等致伤因素作用下的人体组织损伤或功能障碍。创伤轻者的症状为体表损伤、出血或疼痛；创伤重者的症状为机体功能障碍、致残甚至死亡。

知识加油站

创伤类型

① 按受伤部位的不同，创伤可分为头部伤、颈部伤、胸部伤、腹部伤、骨盆伤、四肢伤和脊柱脊髓伤等。

② 按受伤后皮肤的完整性，创伤可分为闭合伤（如扭伤、挫伤、震荡伤、挤压伤、闭合性脏器伤等）和开放伤（如擦伤、刀切伤、撕裂伤、刺伤、开放性脏器伤等）。

③ 按致伤因素的不同，创伤可分为烧伤、冻伤、火器伤、化学伤、放射线伤、冲击伤及机械伤等。

创伤在铁路各种不确定的因素下时常发生，为了减轻痛苦、减少伤残、挽救生命，铁路工作人员有必要掌握一定的创伤救护技术。

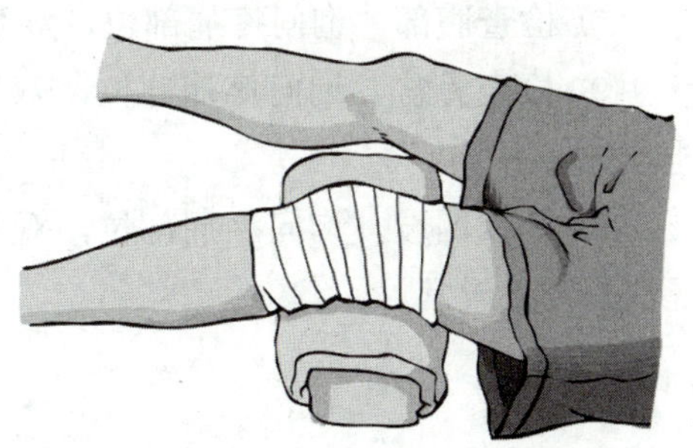

4.3.1　现场救护的目的和原则

1. 现场救护的目的

① 抢救、延长患者的生命。

② 减少出血，防止休克。

③ 保护伤口，预防伤口感染，保护深部组织免受进一步损害。

④ 固定骨折，减少骨折对神经、血管等组织结构的破坏，缓解疼痛。例如，固定颈椎骨折可以防止搬运过程中脊髓的损伤。

⑤ 为后期快速转运患者做好准备工作。

2. 现场救护的原则

① 急救与呼救并重。在实施急救前，应先寻求救援，再进行抢救。

② 先排险后施救。评估现场，使患者尽快脱离险境，转移至安全地带后再救治。

③ 先重伤后轻伤。当既有垂危者又有一般伤员时，应先抢救垂危者，后救治一般伤员。

④ 先救命后治伤。先处理威胁患者生命的伤病，后处理一般伤病。例如，患者既有心搏骤停又有骨折时，应先进行心肺复苏，后进行固定。

⑤ 先救后送。患者需经过现场急救处理后，方可转送医院。

4.3.2 现场检查与救护程序

1. 现场检查

现场创伤救护前，应先进行快速、简洁的检查，正确判断伤病员的情况。

① 检查伤病员意识。

② 将伤病员置于平卧位，救护人员跪于伤病员一侧。

③ 检查呼吸情况。

④ 检查伤口部位，观察伤口大小、出血量。

⑤ 检查头部，用手轻摸头部，检查是否有出血、骨折、肿胀，注意检查耳道、鼻孔有无出血。

⑥ 检查颈椎和脊柱。用手指从上到下按压颈部后正中部位，询问是否疼痛，若有，其颈椎可能骨折；保持脊柱轴线的稳定，侧翻伤病员，用手指从上到下沿其背后正中线按压，询问是否有疼痛感，若有，其脊柱可能骨折。

⑦ 检查胸部，询问疼痛部位，观察胸部呼吸情况、胸部形状。双手放在伤病员的胸部两侧，然后稍微用力挤压伤病员胸部，若有疼痛感，其肋骨可能骨折。

⑧ 检查腹部，询问疼痛部位，观察有无伤口。

⑨ 检查骨盆，询问疼痛部位，双手挤压伤病员的骨盆两侧，若有疼痛感，其骨盆可能骨折。

⑩ 检查四肢，询问疼痛部位，观察是否有肿胀、畸形。手握腕部或踝部轻轻晃动，观察是否有异常。

2. 救护程序

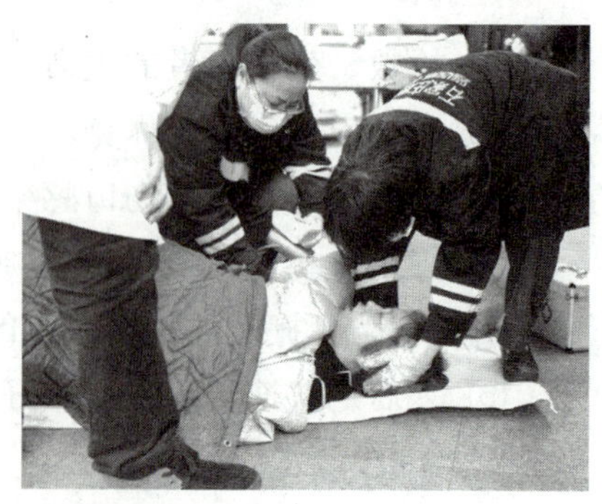

① 了解致伤因素，判断危险是否已解除。

② 及时呼救，拨打急救电话。

③ 观察救护环境，选择就近、安全、平坦的救护场地。

④ 按正确的搬运方法搬运伤病员，使其脱离险境。

⑤ 将伤病员置于适合体位。

⑥ 迅速判断伤情，了解伤病员情况。

⑦ 当伤病员呼吸、心搏骤停时，立即进行心肺复苏，抢救生命。

⑧ 当血管损伤出血时，立即进行止血。

⑨ 若伤病员四肢瘫痪，推测其有颈椎骨折、脱位时，应固定颈部。

⑩ 安全、快速地转运伤病员。

4.3.3　创伤救护的四项基本技术

创伤救护主要包括止血、包扎、固定、搬运四项基本技术。

1. 止血

在各种创伤中，常有出血的情况，特别是出现大出血时应立即止血，减少出血量，防止发生休克。及时、有效地止血，对挽救生命，为患者赢得进一步治疗时间非常重要。

1）出血类型

按照不同的分类方式，出血可分为不同的类型，具体如表 4-6 所示。

表 4-6　出血类型

分类方式	出血类型	出血特点
出血部位的不同	皮下出血	皮下软组织内出血，形成血肿、瘀斑，短期可自愈
	外出血	血液从皮肤创口流向体外
	内出血	流出血管的血液停留在身体内部而未排至体外
破裂血管类型的不同	动脉出血	血液呈喷射状，颜色鲜红，流速快、量多，在短时间内会导致大量出血，需急救才能止血
	静脉出血	血液呈泉涌状，颜色暗红，流速稍慢、量中，多数情况下不能自行止血
	毛细血管出血	血液呈水珠状或片状渗出，由鲜红色变为暗红色，量少，多数情况下能自行止血

2）止血方法

常用的止血方法有指压止血法、加垫屈肢止血法、加压包扎止血法、填塞止血法和止血带止血法。

出血类型

（1）指压止血法。

指压止血法是指用手指或手掌紧压伤口近心端的血管，使血管变扁、血流中断，从而达到止血目的的方法。它是最常用的止血方法之一。

常用的指压止血法包括颞（niè）浅动脉压迫法，面动脉压迫法，枕动脉压迫法，颈总动脉压迫法，锁骨下动脉压迫法，肱动脉压迫法，尺、桡动脉压迫法，股动脉压迫法，腘动脉压迫法，足背、胫后动脉压迫法，具体如下。

① 颞浅动脉压迫法。

适用情况：一侧头顶部出血。

操作方法：先在同侧外耳门的前上方、颧骨弓部摸到颞浅动脉搏动点，再用拇指或食指将其压向下颌关节面，如图 4-15 所示。

② 面动脉压迫法。

适用情况：一侧面部出血。

操作方法：先在同侧咬肌（咬紧牙关，在面颊后部可触及一条呈带状绷紧的肌肉）前缘绕下颌骨下缘处摸到面动脉的搏动，再用拇指或食指将其压向下颌骨面，如图 4-16 所示。

③ 枕动脉压迫法。

适用情况：头后部出血。

操作方法：先在耳后乳突下面稍外侧，摸到枕动脉的搏动，用大拇指将其压向枕骨面。

颈总动脉压迫法

④ 颈总动脉压迫法。

适用情况：一侧头面部出血。

操作方法：先在颈根部，同侧气管与胸锁乳突肌之间摸到颈总动脉的搏动，再用拇指或其他 4 指将其压向第 5 颈椎横突，如图 4-17 所示。

图 4-15 颞浅动脉压迫法

图 4-16 面动脉压迫法

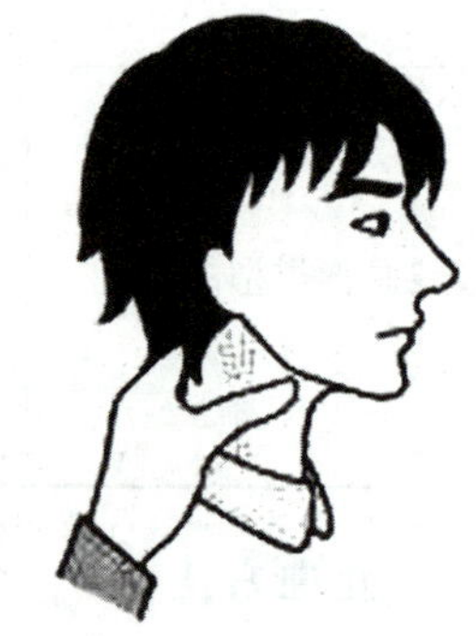
图 4-17 颈总动脉压迫法

⑤ 锁骨下动脉压迫法。

适用情况：肩部、腋部、上肢出血。

操作方法：先在同侧锁骨中点上方的锁骨上窝处摸到该动脉的搏动，再用拇指压向后下方的第一肋骨面，如图 4-18 所示。

⑥ 肱动脉压迫法。

适用情况：前臂出血。

操作方法：先在上臂内侧中部的肱二头肌内侧沟处摸到肱动脉的搏动，再用拇指或其他 4 指将其压向肱骨干，如图 4-19 所示。

⑦ 尺、桡动脉压迫法。

适用情况：手部出血。

操作方法：先在手腕横纹稍上处的内、外两侧摸到尺、桡动脉的搏动，再用两手拇指分别将其压向尺、桡骨面，如图 4-20 所示。

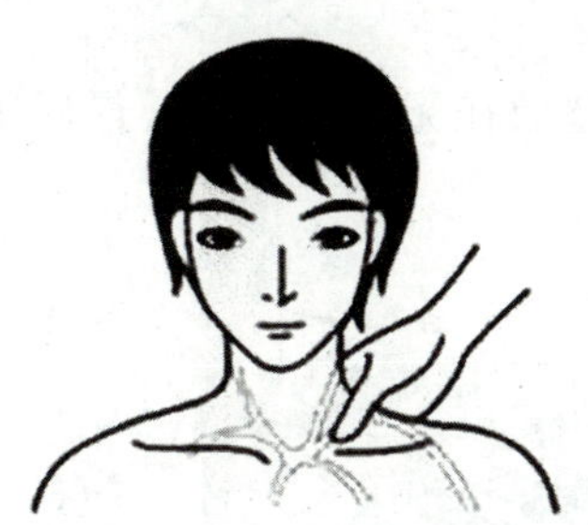

图 4-18　锁骨下动脉压迫法

图 4-19　肱动脉压迫法

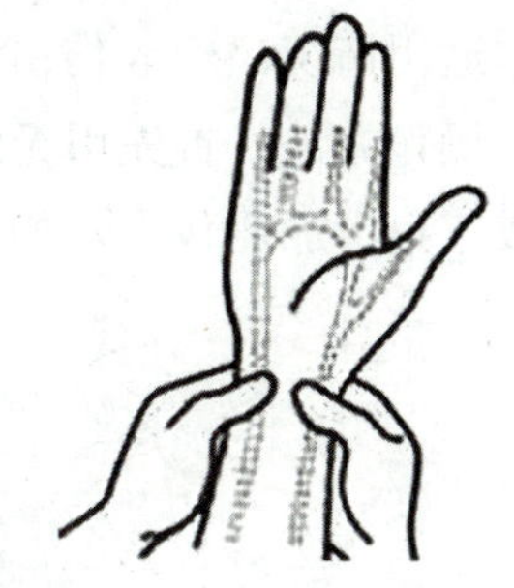

图 4-20　尺、桡动脉压迫法

⑧ 股动脉压迫法。

适用情况：大腿以下部位出血。

操作方法：先在腹股沟韧带稍下方处摸到股动脉的搏动，再用双手拇指重叠用力将其压股骨颈。

尺、桡动脉压迫法

股动脉压迫法

⑨ 腘动脉压迫法。

适用情况：小腿以下部位出血。

操作方法：先在腘窝处摸到腘动脉的搏动，再用大拇指向后压向股骨头。

⑩ 足背、胫后动脉压迫法。

适用情况：足部出血。

操作方法：先摸到足背皮肤横纹中点的足背动脉和跟骨与内踝之间的胫后动脉，再分别将其压向趾骨和跟骨，如图 4-21 所示。

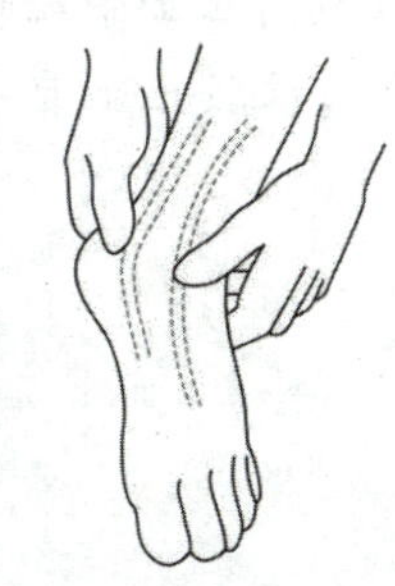

图 4-21　足背、胫后动脉压迫法

（2）加垫屈肢止血法。

适用情况：前臂和小腿出血。

操作方法：先在肘、膝关节屈侧加垫，屈曲肢体，再用三角巾等固定。

对已有或疑有肢骨、关节损伤者禁用加垫屈肢法，以免对伤病员造成较大痛苦。

（3）加压包扎止血法。

适用情况：一般伤口出血。

操作方法：首先用无菌敷料覆盖伤口，然后将纱布或棉垫放在无菌敷料上，最后用绷带或三角巾加压包扎，如图 4-22 所示。

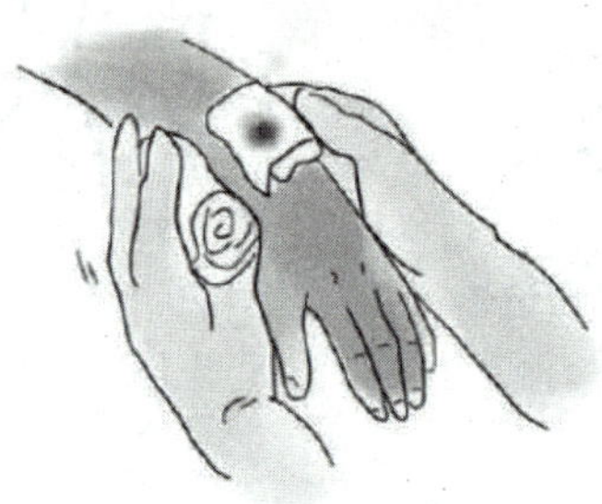
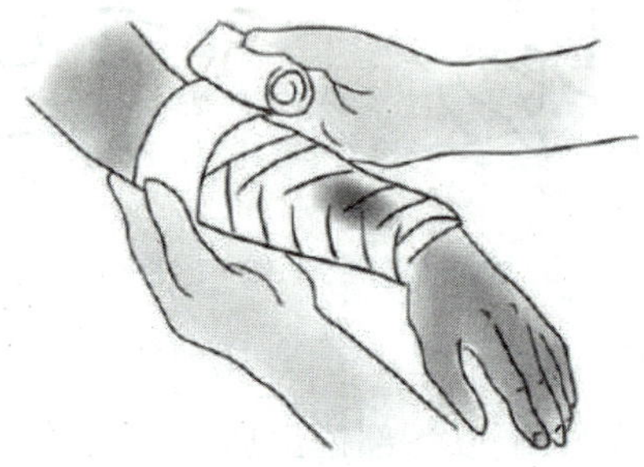

图 4-22　加压包扎止血法

（4）填塞止血法。

适用情况：伤口较深，无法加压包扎止血。

操作方法：先用 1～2 层无菌纱布覆盖伤口，再用纱布条或绷带充填，外面加压包扎。

（5）止血带止血法。

适用情况：采用其他止血方法暂不能控制出血的四肢动脉出血。注意头部、胸腹部不能扎止血带，少量的出血也不需要用止血带。

利用止血带压迫血管，可以阻断动脉和静脉血流，以达到止血的目的。常用的止血带有橡胶止血带、卡扣式止血带，如图 4-23 所示。

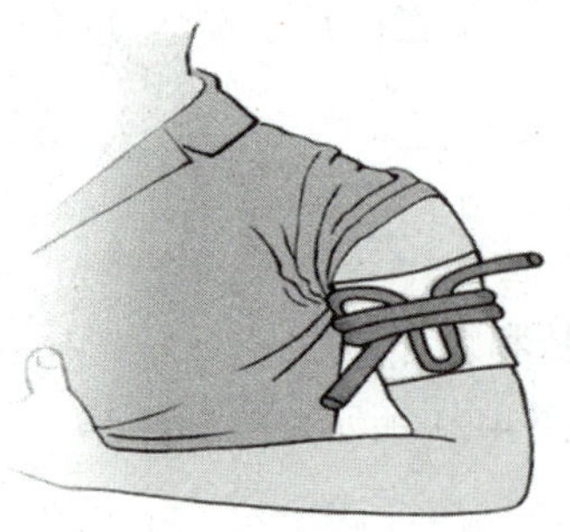

（a）橡胶止血带

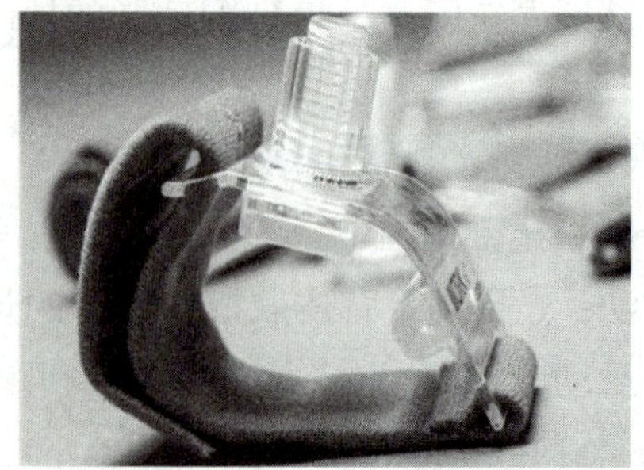

（b）卡扣式止血带

图 4-23　常用止血带

操作方法：举、压、扎、定，即抬高患肢，使出血的部位高于心脏 10 厘米，利用压力差减缓出血；用厚棉垫用力按压出血处伤口，同时指压近心端的动脉；在伤口的近心端扎上止血带；使用绷带将伤口的棉垫加压固定。

用卡扣式止血带止血

① 扎止血带的部位应尽可能地接近伤口。上肢宜扎在上臂的上 1/3 处，切忌扎在中部，以免损伤桡神经；下肢宜扎在大腿的中下 1/3 处，前臂和小腿不宜扎止血带。

② 扎止血带前要用衣服、纱布、棉布或毛巾等作为衬垫，以免勒伤皮肤。

③ 扎止血带时松紧要适度，以扎紧后血止并摸不到动脉搏动为度。

④ 止血带要有显著标识（如红色布条），并注明止血时间。止血带连续阻断血流时间不得超过 1 小时，且每隔 1 小时要慢慢松开 1～2 分钟。

⑤ 松解止血带前应准备好止血用品，再松开止血带。

2. 包扎

包扎有保护伤口、避免感染、减少出血、预防休克、利于转运等作用。常用的包扎材料有纱布绷带、三角巾、四头带、多头带、丁字带等。下面以绷带包扎法和三角巾包扎法为例介绍包扎的方法。

1）绷带包扎法

常用的绷带包扎法有环形包扎法、螺旋包扎法、螺旋反折包扎法、“8”字形包扎法、回反包扎法等。

（1）环形包扎法。

适用情况：肢体粗细相等部位的包扎，如颈部、胸腹部、手腕部等。

操作方法：先用无菌敷料覆盖伤口，握住绷带，使卷心朝上，用绷带一端斜向压住敷料，水平缠绕一圈后，将预留绷带一角内折，在缠绕第二圈时压住边角，缠绕数圈后用胶布或别针固定，如图 4-24 所示。

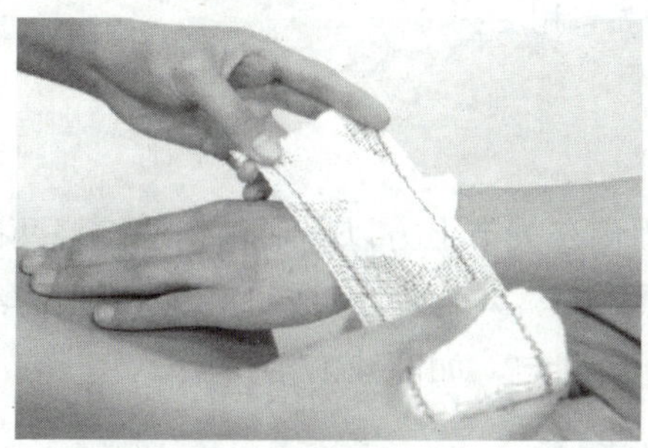
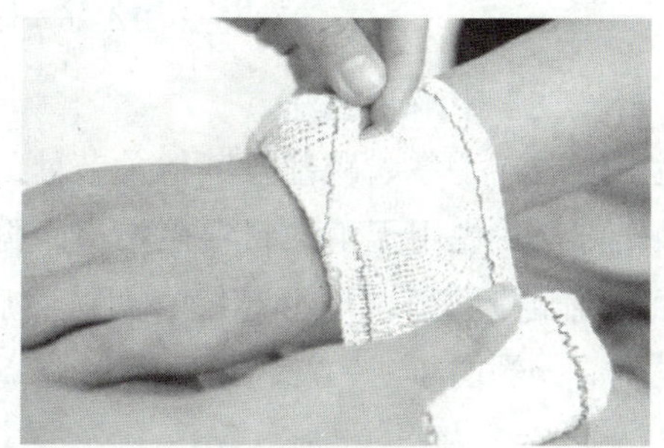

图 4-24　环形包扎法

（2）螺旋包扎法。

适用情况：肢体、躯干等粗细相差不多部位的包扎。

操作方法：先用无菌敷料覆盖伤口，第一圈与第二圈同环形包扎法，从第三圈开始将绷带作螺旋形向上缠绕，每绕一圈重叠 1/3～1/2，绕成螺旋状，最后以环形包扎法结束，如图 4-25 所示。

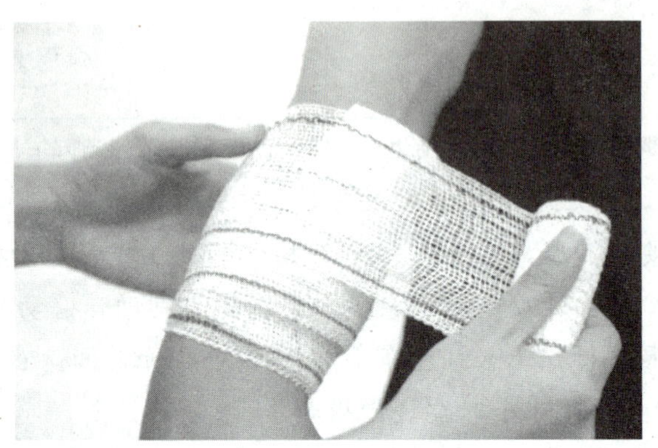

图 4-25　螺旋包扎法

（3）螺旋反折包扎法。

适用情况：肢体粗细不等部位（如小腿、前臂）的包扎。

操作方法：先用无菌敷料覆盖伤口，再按螺旋包扎法缠绕绷带，待到渐粗的地方时每缠绕一圈就在同一部位把绷带反折一下，盖住前圈的 1/3～2/3，依此由下而上缠绕，最后以环形包扎法结束，如图 4-26 所示。

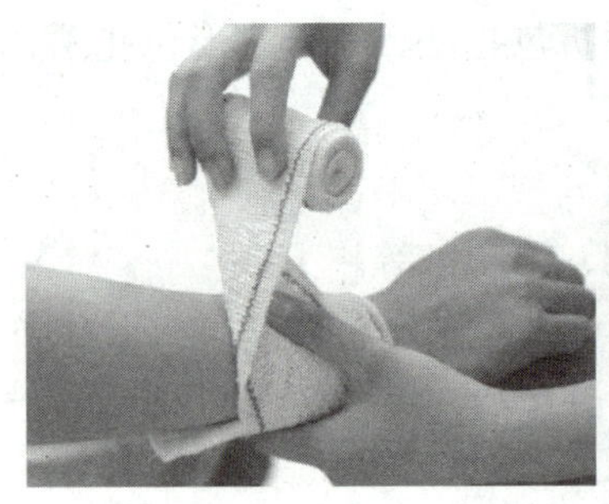
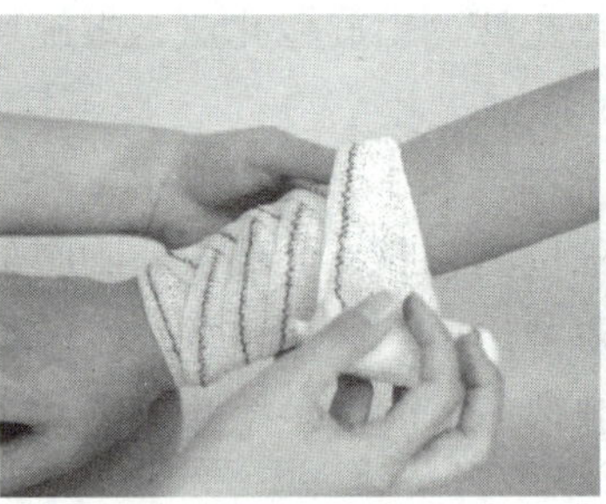
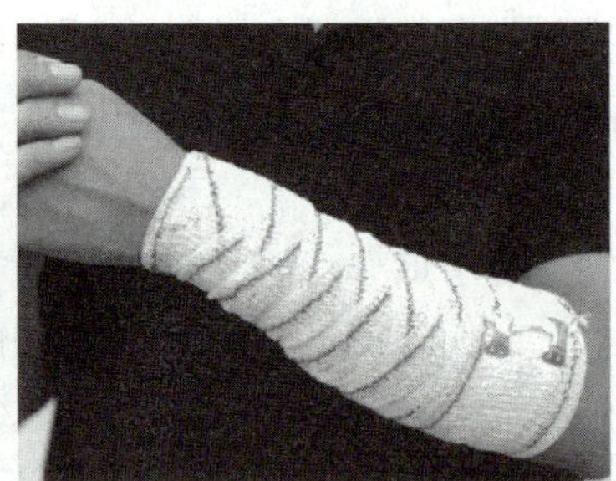

图 4-26　螺旋反折包扎法

（4）“8”字形包扎法。

适用情况：手掌、踝部及其他关节处的包扎。

操作方法：先用无菌敷料覆盖伤口，再将绷带在关节上方以环形包扎法缠绕两圈，然后斜行缠绕至指关节，环形缠绕一圈，然后一圈向上、一圈向下成“8”字形来回缠绕，每圈压盖前一圈的 1/3～1/2，最后环形缠绕一圈后固定，如图 4-27 所示。

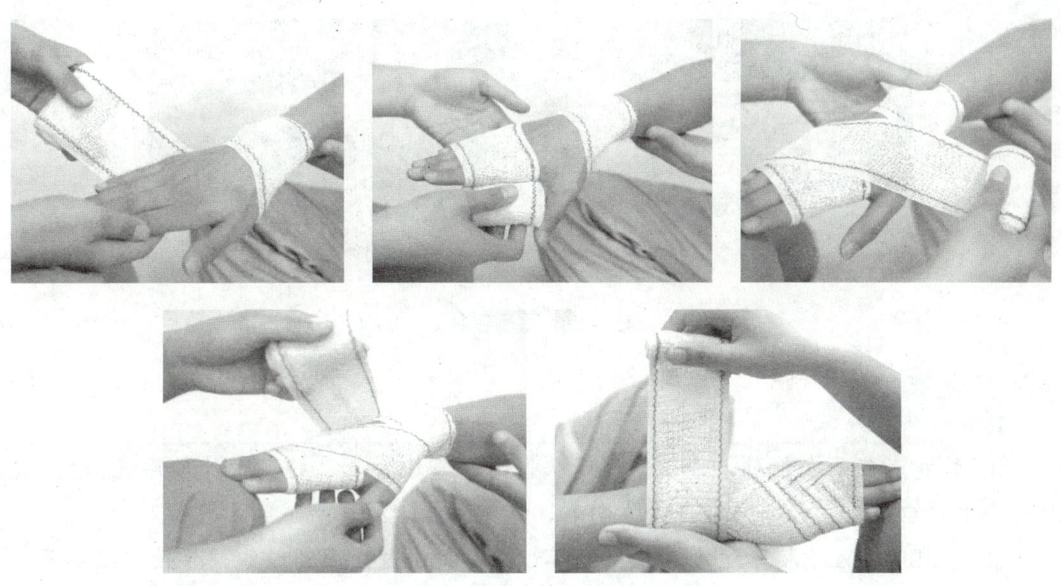

图 4-27　“8”字形包扎法

（5）回反包扎法。

适用情况：有端部的部位（如指端、头部和断肢端）的包扎。

操作方法：先用无菌敷料覆盖伤口，从近心端起用绷带以环形包扎法缠绕两圈；左手拇指压住绷带，右手将绷带向端部方向反折绕过端部，手指在反折时压住反折端，注意先覆盖端部中央，再交替覆盖左右两边，每圈覆盖上一圈 1/3～1/2，最后在反折处环形固定，如图 4-28 所示。

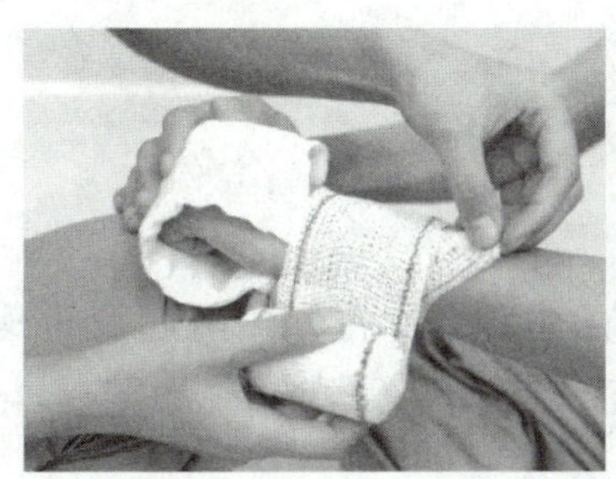
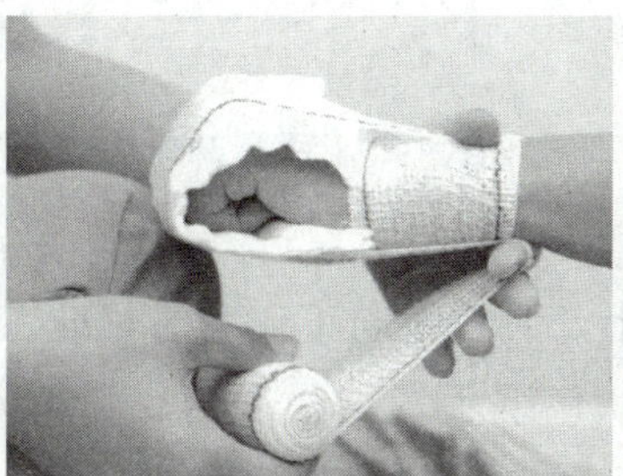
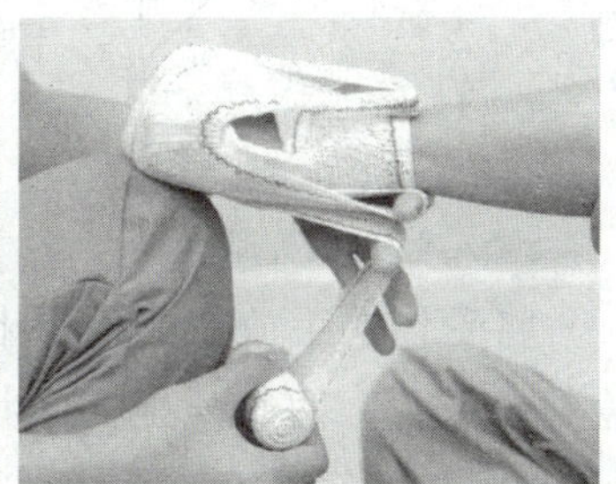

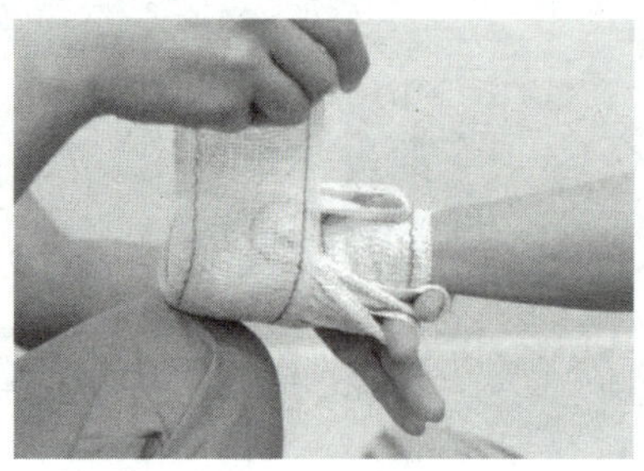
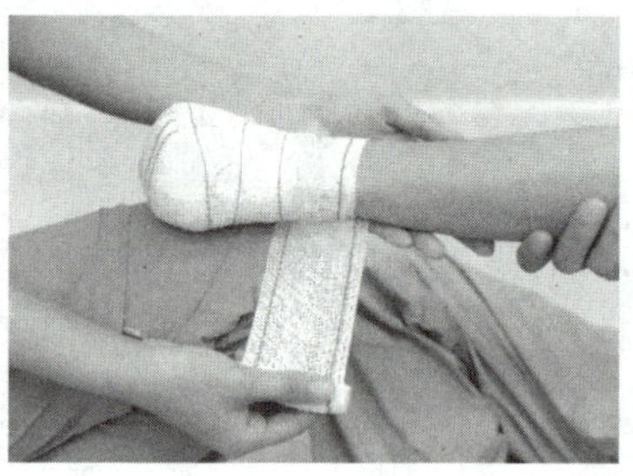

图 4-28　回反包扎法

① 救护者应面向伤员，左手拿绷带头，右手拿绷带卷，将绷带外部贴近伤处，包扎时应由伤口低处向上，通常是自左向右、从下到上缠绕。

② 包扎时要注意松紧适度，以免绷带过松滑脱，过紧压迫组织、导致组织坏死。

③ 肘部要弯曲包扎，膝部要伸直包扎。

2）三角巾包扎法

三角巾包扎法适用于身体各个部位的包扎，其操作简单，但不便加压，故压迫止血效果不好。下面主要介绍手臂、手掌、肘部和胸背部的包扎方法。

（1）手臂的包扎。

将三角巾平展于胸前，顶角在受伤的肘关节一侧，屈曲受伤的手臂，提起三角巾下端，将三角巾两端在颈后打结，最后将顶角折回固定，如图 4-29 所示。

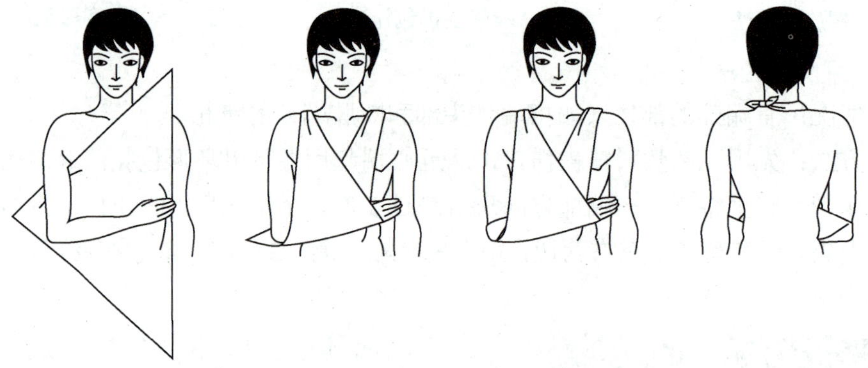

图 4-29　手臂的包扎

（2）手掌的包扎。

将受伤的手放在三角巾上，手心朝向下，手指对准三角巾顶角，将顶角提起反折覆盖整个手背，两底角呈交叉状包绕手背，最后两底角再回绕手腕一周打结，如图 4-30 所示。

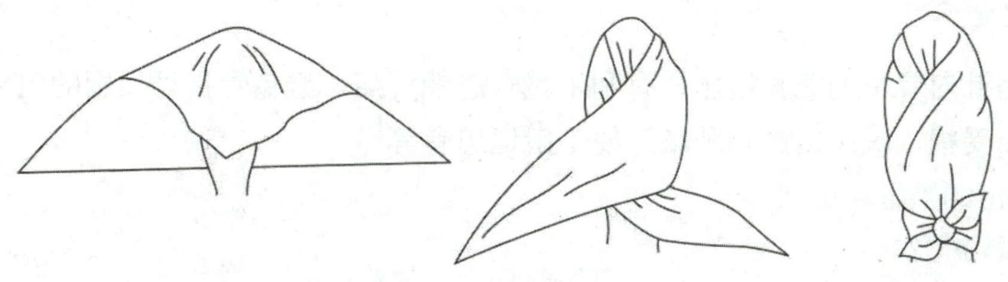

图 4-30　手掌的包扎

（3）肘部的包扎。

将三角巾折叠成适当宽度的带状，将中段放于患者受伤的肘部，三角巾两端在肘窝处交叉后绕肘关节返回，最后在外侧打结，如图 4-31 所示。

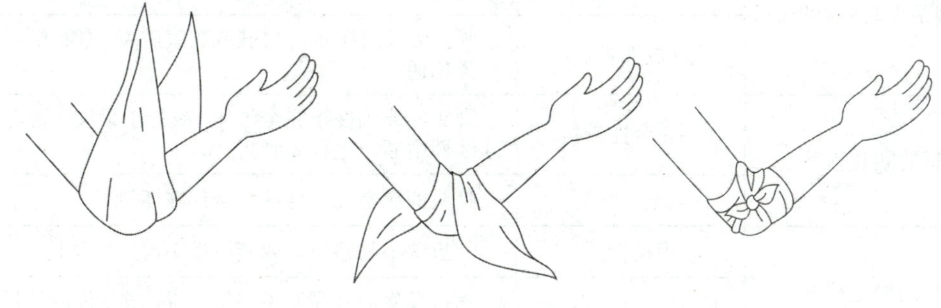

图 4-31　肘部的包扎

（4）胸背部的包扎。

将三角巾的顶角放在右肩上，然后把左右底角从两腋窝拉至背后打结，再把顶角拉过肩部与双底角系在一起，或利用顶角小带与其打结，如图 4-32 所示。

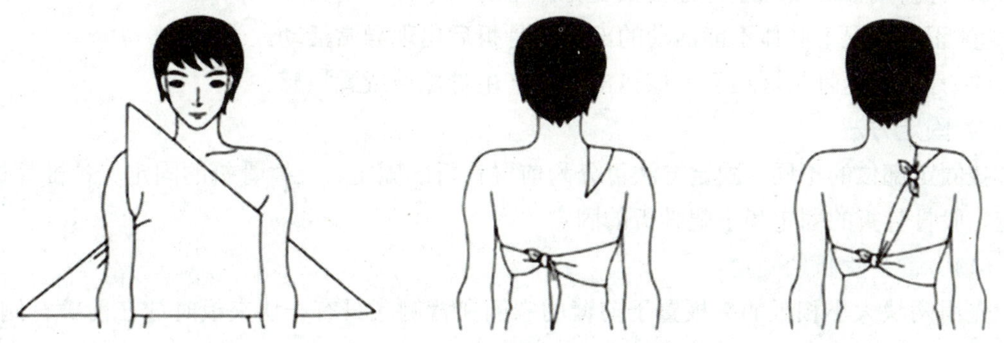

图 4-32　胸背部的包扎

牛刀小试

准备好绷带或三角巾，尝试运用上述方法练习创伤包扎。

3. 固定

固定是针对骨折的急救措施，有利于减轻患者疼痛，避免骨折处周围的组织、血管、神经进一步受损，减少出血和肿胀，便于搬运患者等。

1）骨折的类型和症状

（1）骨折类型。

按照不同的分类方式，骨折可分为不同的类型，具体如表 4-7 所示。

表 4-7 骨折类型

分类方式	骨折类型	骨折特点
骨折端是否与外界相通	闭合性骨折	骨折处及其附近的皮肤或黏膜完整，骨折端与外界不相通
	开放性骨折	骨折处及其附近的皮肤或黏膜破裂，骨折端直接与外界相通
骨折的断裂程度	不完全性骨折	骨头的连续性未完全破坏，或骨小梁仅一部分发生连续性中断，也称微骨折
	完全性骨折	骨头的完整性、连续性全部破坏
骨折的稳定程度	稳定骨折	骨折端不易移位，或复位后不再发生移位
	不稳定骨折	骨折发生后容易发生移位加重，或复位后骨折端容易再移位

（2）骨折症状。

① 疼痛、肿胀，活动时疼痛加剧，局部有明显的压痛。

② 骨折端移位使患肢外形发生变化，呈现畸形。

③ 正常情况下肢体不能活动的部位，骨折后出现异常活动。

④ 骨折后两骨折端相互摩擦撞击，可产生骨擦声或骨擦感。

2）固定方法

按固定部位的不同，固定方法可分为前臂骨折的固定、上臂骨折的固定、颈椎骨折的固定、股骨骨折的固定和小腿骨折的固定。

（1）前臂骨折的固定。

先用两块大小相近的夹板置于前臂的掌侧和背侧（只有一块夹板时放在前臂背侧），绑扎固定，然后用三角巾将前臂悬吊于胸前，如图 4-33 所示。

（2）上臂骨折的固定。

用两块大小相近的夹板置于上臂内、外侧，绑扎固定，然后用三角巾将前臂悬吊于胸前，如图 4-34 所示。

（3）颈椎骨折的固定。

使患者的头颈与躯干保持在一条直线上，用棉布、衣物等将伤者颈后侧、头两侧垫好，

防止其左右摆动，将木板置于身体之下，然后用绷带或布带将额部、肩、上胸、臀固定于木板上，使之稳固，如图 4-35 所示。

图 4-33　前臂骨折的固定

图 4-34　上臂骨折的固定

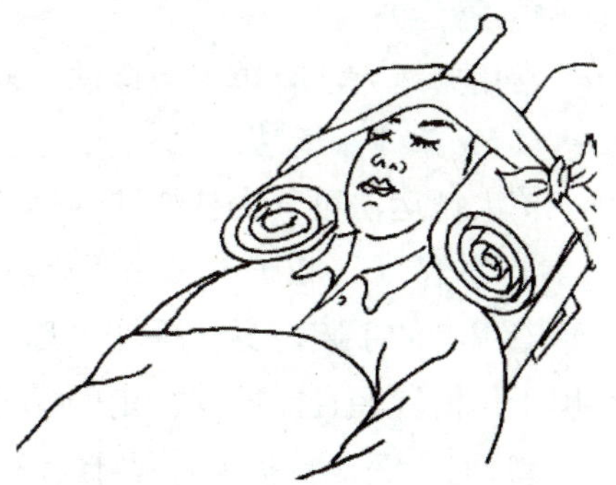

图 4-35　颈椎骨折的固定

（4）股骨骨折的固定。

将一块从足跟到腋下的长木板放于伤腿外侧，另一块从大腿根部到膝盖以下的夹板放于受伤股骨侧的腿内侧，然后用多道布带捆扎固定，如图 4-36 所示。

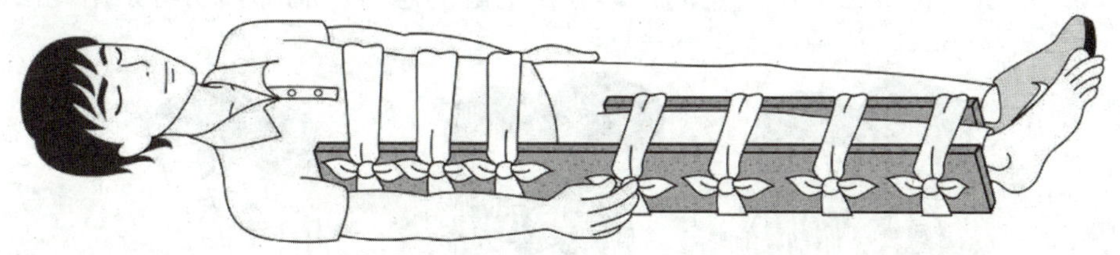

图 4-36　股骨骨折固定

（5）小腿骨折的固定。

取两块大小适宜的夹板放在伤腿的内侧和外侧，然后用多道布带捆扎固定，如图 4-37 所示。

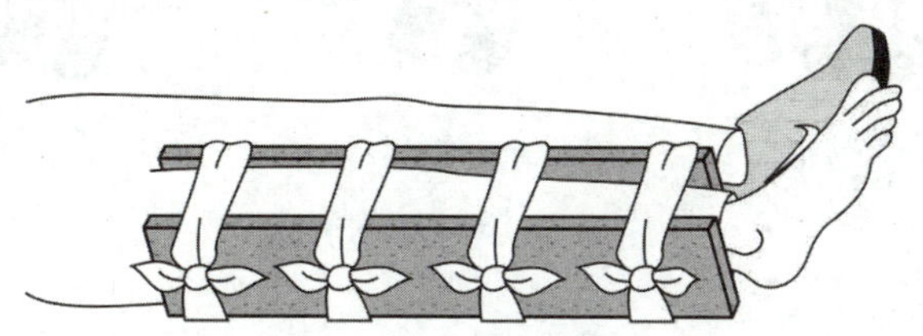

图 4-37　小腿骨折固定

小贴士

在无固定材料的情况下，可将受伤的腿和未受伤的腿捆扎在一起。

4. 搬运

患者经现场抢救后，应安全迅速地送往医院进一步抢救、治疗。如果在此过程中搬运

方法不得当，可能前功尽弃，造成患者的终身残疾，甚至危及生命。因此，铁路工作人员应当掌握正确的搬运方法。

1）搬运方法

常用搬运方法有单人搬运法、双人搬运法、多人搬运法和担架搬运法。

（1）单人搬运法。

单人搬运法可分为扶持法、抱持法和背负法三种。

① 扶持法。救护人员站于患者一侧，使患者靠近其臂并揽着肩部，然后救护人员一手牵着患者的手腕，另一手伸过患者背部扶持其腰部行走，如图 4-38（a）所示。扶持法适用于伤情较轻且能站立行走的患者。脊柱或大腿骨折的患者禁用此法。

② 抱持法。救护人员站于患者一侧，一手托其背部，另一手托其大腿，将其抱起，对于清醒患者可让其抱住救护人员的颈部，如图 4-38（b）所示。对于卧地的患者，救护人员可先单膝跪地，用一手将其背部稍稍托起后，用另一手从其两腋窝伸过将患者抱起。抱持法适用于没有骨折、伤势不重的年幼伤者或体轻者，是短距离搬运的最佳方法。

③ 背负法。救护人员站在患者前面，面向同一方向，微屈膝弯背，将患者背起，如图 4-38（c）所示。背负法适用于老幼、体轻、清醒的患者。胸部损伤者禁用此法。

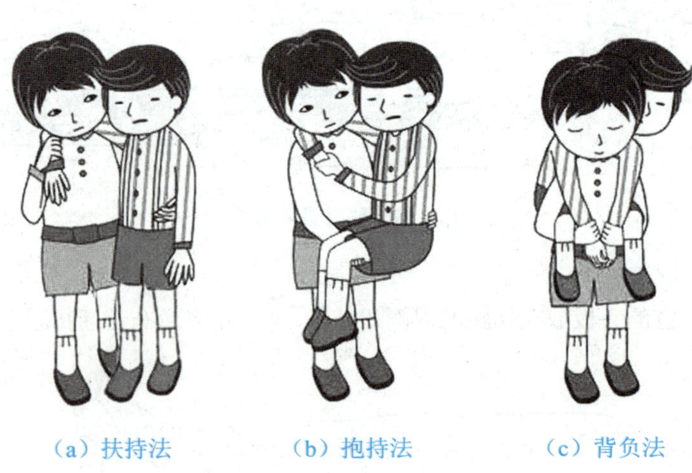

（a）扶持法　（b）抱持法　（c）背负法

图 4-38　单人搬运方法

（2）双人搬运法。

双人搬运法分为椅托式双人搬运法和拉车式双人搬运法两种。

① 椅托式双人搬运法。两名救护人员分别站在患者两侧，各伸出一只手放于患者大腿之下并相互握紧，另一只手彼此交替搭在对方肩上，起支撑患者背部的作用，如图 4-39（a）所示。椅托式双人搬运法适用于清醒的伤病者。

② 拉车式双人搬运法。一名救护人员站于患者的头部一侧，两手插到其腋下，将其抱入怀中，另一名救护人员站在患者两腿中间或一侧，将其抬起，如图 4-39（b）所示。拉车式双人搬运法适用于意识不清的伤病者。

（a）椅托式　　　（b）拉车式

图 4-39　双人搬运法

（3）多人搬运法。

多人搬运法适用于脊柱骨折的患者。

搬运方法：使患者处于平卧位，3 人位于患者右侧，单膝跪地，伸出双臂，从患者身后伸到对侧，分别托住其肩背、腰臀、大小腿；第 4 人位于患者头侧，双手抱住其头部两侧，适当牵引，保护其头颈部；4 人同时用力，将患者平托起来，如图 4-40 所示。

（4）担架搬运法。

担架搬运法适用于躯干、下肢骨折，危急重症和路程较远患者的转运。

搬运方法：由 3 人或 4 人将患者抬上担架，有颈部损伤者应由专人保护其颈部，避免颈部屈曲、扭转。转运时患者头部在后，足部在前。抬担架的步伐要一致，平稳行进，尤其是上下坡时要调整高度，尽量使患者保持水平位，如图 4-41 所示。

图 4-40　多人搬运法

图 4-41　担架搬运法

2）搬运的注意事项

① 搬运要平稳，避免患者病情加重。

② 搬运患者时要密切观察其生命体征变化，及时调整止血带松紧度。

③ 应将患者固定在担架上，防止使患者过度扭动和颠簸。

④ 搬运患者时动作要轻巧、迅速，避免不必要的震动。

复兴之路

旅客归家心似箭，动组点滴暖人心

为确保旅客安全、便捷踏上回家过年的列车，太原铁路局开展“奋战春运保安全，三个出行当先锋”，关爱重点旅客。

一天，太原南到临汾西的 D9001 次列车准备发车，列车长刘慧带着列车组的乘务员做最后的准备。此时，一位旅客陪着行动不便的老人正要登上列车。乘务员小王急忙上前询问后得知，老人患有脑血栓后遗症，不能走路。小王连忙上前去搀扶，并报告了列车长。随后列车长刘慧立即联系临汾西站的工作人员，让其为 D9001 次列车准备一个轮椅。

在列车上刘慧给老人送上热水，并告知其轮椅已经联系好了。列车到达临汾西站后，刘慧和小王帮忙把老人搀扶到轮椅上。老人握着刘慧的手连声说谢谢，刘慧说：“您就是我们的亲人，做这些不算什么。”之后刘慧和临汾西站值班员一起将老人送出站台。

刘慧说：“‘安全出行、方便出行、温馨出行’是今年铁路春运工作的目标，是践行‘以服务为宗旨，待旅客如亲人’理念的具体行动。我们要让旅客在安全、方便、温馨的出行中，真正感受到虽然严冬未去，但拥有如春的温暖。”

（资料来源：http://news.youth.cn/gn/201502/t20150223_6486390.htm）

任务实施——练习止血、包扎、固定、搬运四项基本技术

1. 任务描述

老师组织全班学生观看现场创伤救护的相关视频，学生分组进行练习，老师进行现场考核。

2. 任务目标

① 掌握止血、包扎、固定、搬运四项基本技术。

② 培养和提高学生对患者的现场创伤救护能力。

3. 任务准备

① 场地：创伤救护实训场地。

② 物资：红十字药箱、担架等。

4. 任务流程

① 老师组织学生观看止血、包扎、固定、搬运四项基本救护技术的视频。
② 将全班学生分成若干组，每组 5～8 人。
③ 各组学生进行止血、包扎、固定、搬运练习，老师对各组进行指导。
④ 老师现场考核，并将考核成绩填入表 4-8 中。

表 4-8　任务实施评估表

评分内容	评分	得分	存在的问题
积极参与活动	20 分		
止血操作	20 分		
包扎操作	20 分		
固定操作	20 分		
搬运操作	20 分		
总分	100 分		

任务 4.4　掌握应急抢救手语

引导案例——急救人员不懂手语，施救不及时，导致患者严重脑出血

某日，张先生在回家的路上发现有人发生车祸，立即拨打了 120 急救电话。急救人员到达现场后发现患者是一名聋哑人，但是急救人员完全不懂手语，无法快速确定患者受伤部位和受伤程度，导致现场施救不及时，耽误近 20 分钟救治时间，患者出现严重脑出血。

思考：铁路工作人员在日常工作中很可能会遇到聋哑人需要现场急救的情况，若现场施救不及时，很可能会耽误患者病情，因此必须掌握一定的急救手语技能。你知道常用的急救手语有哪些吗？

知识储备

铁路每年承载着运输大量旅客的任务，旅客中时常有一些言语不通的群体。在应急抢救过程中，若旅客存在语言障碍或因现场情况造成语言沟通不便，手语就成了一种重要的交流方式。因此，铁路工作人员掌握基本的手语技能，有利于在紧急情况下与旅客沟通，做出有效反应。

4.4.1 常用身体部位的手语表达方法

常用身体部位的手语表达方法如表 4-9 所示。

表 4-9 常用身体部位的手语表达方法

含义	图示	解释	含义	图示	解释
身体		双手掌心向内，贴于胸部，向下微移动	胸		一手食指指向胸部
头		一手食指指向额头	腰		一手食指指向腰部
脸		一手五指并拢，轻贴一下面部	腹		一手捂于腹部
眼		一手食指指向眼部	手		左手横伸，掌心向下，右手掌拍一下左手手背

（续表）

含义	图示	解释	含义	图示	解释
耳	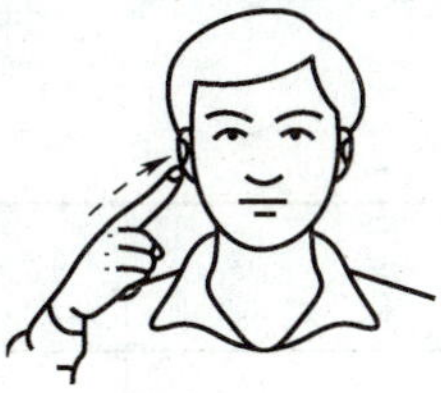	一手食指指向耳朵	胳膊	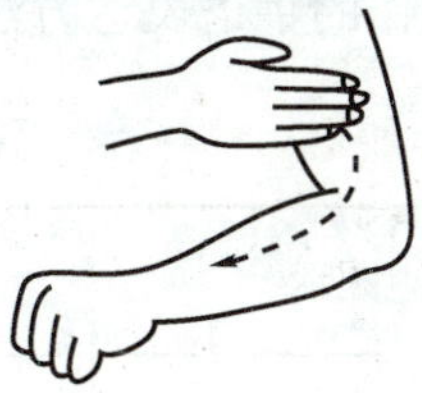	左手横伸，屈肘握拳，右手掌自上而下摸左手臂
喉	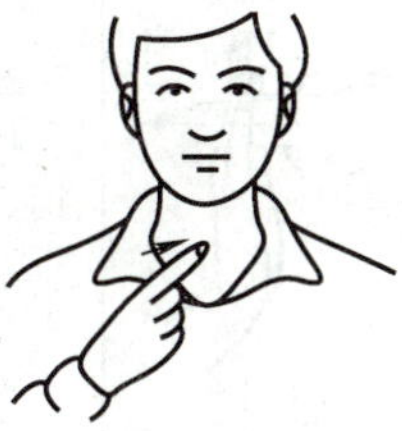	一手食指指向喉部	腿	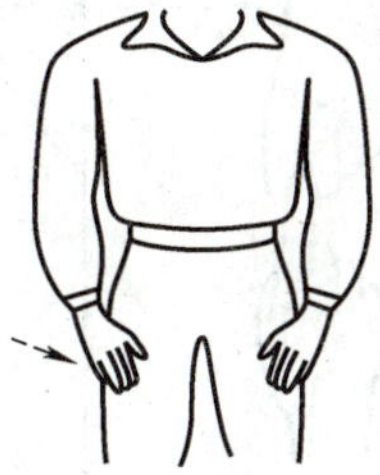	自然站立，用手掌拍一下一侧大腿
心		双手拇指、食指摆出心形，贴于胸部	骨	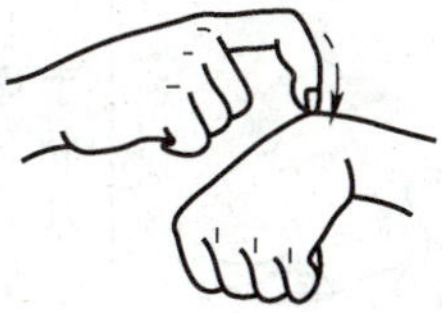	左手握拳，手背向上，右手食指弯曲，指尖点一下左手背腕关节处
肺		双手指尖朝下，掌心贴于胸两边	脚	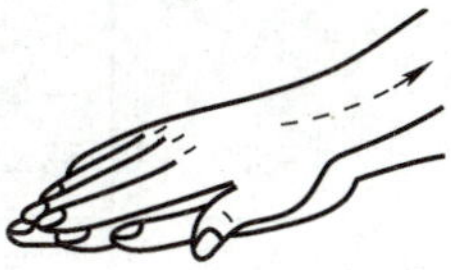	左手平伸，手背向上，五指并拢，右手掌在左手背上从前向后摸一下
肝		左手食指、中指与右手食指摆成“干”字形，置于腹部肝脏部位	肠	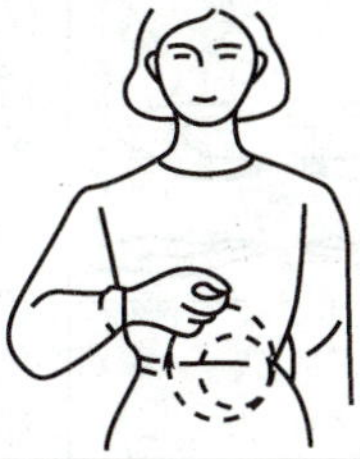	一手拇指、食指捏成小圆圈，在腹部绕两圈
胆		右手先做出字母“D”的指式（手握拳，拇指搭在中指第二节上，虎口向后上方），然后拇指、食指捏成小圆圈，虎口向外，置于右肋下部位	胃		一手掌心贴于上腹部

4.4.2 常用基本动作的手语表达方法

常用基本动作的手语表达方法如表 4-10 所示。

表 4-10 常用基本动作的手语表达方法

含义	图示	解释	含义	图示	解释
拔		左手食指向上伸直，右手食指、中指弯曲夹住左手食指，然后一边左右扭动，一边向上提	插		左手五指向上伸开，右手食指、中指并拢伸直，指尖插入左手指缝中
① 摆动 ② 摆放		① 一手伸平，手背向外，五指朝下，左右晃动几下 ② 双手伸平，掌心向上，置于胸前，然后一手不动，另一手向一侧一顿一顿地移动	尝		一手拇、食、中指相捏，做捏取食物投向口中状
① 搬运 ② 搬运		① 双手五指成“[ ]”形，间隔约 20 厘米，然后同时由下向上移动，如搬物状 ② 双手伸平，掌心向上，指尖相对，由左向右移动	挠		一手五指弯曲，在另一手背上前后挠动
绊		左手食指横伸，其余四指并拢成拳，右手食、中指朝下置于左手食指内侧，然后向外歪动一下	能		一手直立，掌心向外，食指、中指、无名指、小拇指同时弯曲一下或两下

（续表）

含义	图示	解释	含义	图示	解释
包		双手掌心向上，右手向左一翻，左手向右一翻，手背向上，模仿包东西状	不能		右手食指横伸，其余四指并拢成拳，用力向下一甩
抱		双手五指伸开，指尖相对，同时向前上方抱一下，模拟搂人状	拧		一手拇指、食指相对，其余三指弯曲做拧物状
背		双手握拳，一上一下，上身向前微倾	捏		一手拇指、食指、中指的指尖朝下先张开，然后拢在一起
拨		左手掌心向上，右手拇指贴于掌心，其余四指并拢，指尖朝下立于左手指尖处，然后向外划动几下	趴		双手伸开，掌心向外，然后双手由上向下拍
拍		一手伸掌，向下拍	爬		双手五指张开，一前一后（或一上一下）做爬或攀登状
缠		左手握拳不动，右手拇指、食指捏拢，绕左拳两圈做缠物状	绕		左手握拳不动，右手食指绕左拳转动

复兴之路

高铁站里热心的铁路“安达”

“安达”在蒙古语中指非血亲的兄弟，在呼和浩特东站工作的木仁就经常被旅客亲切地称呼为“安达”。

木仁是呼和浩特东站培养的第一批高铁班组值班员，他负责接送列车、保证旅客安全。“我们站服务的旅客中近一半是少数民族，其中蒙古族旅客占大多数，而且很多旅客的汉语表达不是特别流畅。”木仁说。刚一接班，精通蒙古语和汉语双语的木仁便成了火车站里最忙碌的“翻译机”，他通过蒙古语和汉语完成引导候车、解答问询、重点帮扶等服务。

一天，木仁的对讲机响了，他连忙从二楼“孙奇温馨服务台”一路小跑到进站口，经过简单的蒙古语交流，木仁得知蒙古族旅客格日勒图和家人要乘坐G2414前往北京看病。于是，他推着格日勒图的轮椅，将一家人送到检票口，并和高铁乘务员共同将格日勒图送上车，将其搀扶到座位上。

春运客流高峰期间，木仁忙得像个陀螺，持续开启双语转换模式，在站台上给旅客做引导。“虽然工作繁忙，但能帮助旅客，听到旅客发自肺腑的一句谢谢，就觉得很值!”这是木仁的感受，也是班组青年职工的共同心声。

列车有终点，服务无止境。木仁向记者介绍，高铁班组坚持“多看一眼、多问一句、多走一步”原则，从细节上提升旅客服务质量。同时，在人员配置上采取“1+N”模式，为每个小组配备1名懂蒙古语、会急救、善沟通的工作人员，打造年轻化、积极向上且综合素质过硬的团队，满足旅客多样的出行需求。

（资料来源：http://news.youth.cn/gn/202001/t20200115_12169852.htm）

任务实施——“你比我猜”学手语

1. 任务描述

老师制作手语卡片，学生分组进行“你比我猜”手语游戏。

2. 任务目标

借助寓教于乐的形式，让学生掌握简单的应急抢救手语。

3. 任务流程

① 老师根据本任务内容，制作若干与身体部位和基本动作手语相关的卡片（可以是

图示也可以是文字）。

② 全班学生分为若干组，每组 5～8 人。

③ 每组中的一人看卡片比画，其余人猜含义，答对后，换另一人上前看卡片比画，其余人猜含义，如此循环进行，限时 1 分钟。

④ 猜对最多的小组获胜（可根据情况设置具体奖品）。

榜样力量

“东方情”，暖人心

中国铁路上海局集团有限公司上海客运段高铁一车队“东方情”乘务组是京沪线上的“服务标杆”。自 2001 年成立以来，乘务组以“东方情”品牌为引领，用优质服务传递真情友善，为旅客打造幸福旅程。

“东方情”乘务组主要担当京沪高铁的多对复兴号列车的乘务工作。为了规范服务流程，他们制订了严格的标准服务法——“5S”特殊服务法，即微笑、标准、特别、快速和满意。

列车上除了免费提供常用药品、针线包、爱心毯等用品外，还有针对小旅客好动的特点推出宝宝防走失贴，乘务员可以为小旅客贴上写着车厢号和座位号的小贴纸，方便乘务员或其他旅客把走失的小孩送回家长身边；为老年旅客提供双向呼叫器，需要帮助的老年旅客只要一按呼叫器，列车长就会马上收到信息，可以快速前去提供帮助。咨询服务、帮扶服务、爱心服务、送水服务、引导服务等诸多服务项目，让旅客在乘车时感受到温暖。

在旅客突发疾病的紧要关头，党员列车长宋梦婷俯身跪下为其进行人工呼吸；党员列车长张静发现 20 万元现金后立即将其归还物主；党员列车长东京长期帮助白血病患者……在先进党员的引领下，“东方情”乘务组值乘的列车上经常发生急救重病旅客、失物归还物主等凡人善举。

“东方情”这个品牌起源于上海至北京的 13/14 次“东方号”列车。随着时代的发展，列车已经经历了数次升级换代，设备不断更新，列车速度不断提高，服务也不断创新。除了对服务流程进行规范外，车队还多次组织青年职工参观段史陈列室、车队文化长廊、安全警示室等，通过沉浸式学习体验，广泛宣传京沪高铁发展取得的成就和服务好旅客的重大意义，提升职工的荣誉感、责任感和使命感。

（资料来源：https://paper.xinmin.cn/html/xmwb/2021-11-02/7/120893.html）

项目学习效果综合考核

1. 填空题

（1）铁路红十字药箱是在旅客列车、客运车站及沿线小站、工区，旅客或铁路职工突发疾病或意外伤害时，用于应急救助、装有________________的便携式箱子。

（2）药箱内药品与器械限于在________________，车上人员突发疾病或创伤时的简易救治。

（3）铁路红十字救护员使用红十字药箱内的药品与器械后，应当________________地填写药械使用登记表。

（4）心肺复苏是________________时所采用的一种急救技术。

（5）判断呼吸的方法为“________________”。

（6）创伤救护的四大基本技术分别为__________、__________、__________、__________。

（7）按血管破裂类型的不同，出血可分为______________、______________和______________。

（8）常用的绷带包扎法有______________、螺旋包扎法、______________、“8”字形包扎法、回反包扎法。

（9）图 4-42 中的手语含义依次为__________、__________、__________和__________。

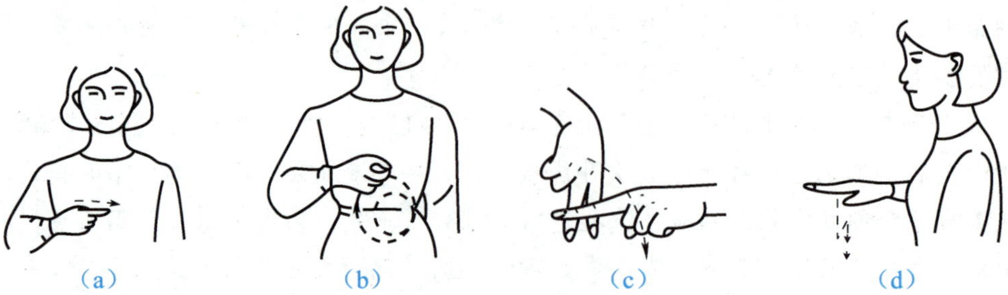

（a）（b）（c）（d）

图 4-42 手语表达方法

2. 判断题

（1）乙类药箱配备有退热贴、清凉油、云南白药、体温计、血压计、保护带、一次性产包等。（　）

（2）各管理单位每月补充药械时，应携带上月的药械使用登记表及药械补充申领表。（　）

（3）判断昏倒人员意识时应轻喊重拍，切勿摇头、拍脸，或随意晃动患者身体。（　）

（4）当患者头后部出血时，可采用颈总动脉压迫法进行止血。（　）

（5）小腿骨折的固定的固定方法是取两块长度适宜的夹板放在肢体的内侧和外侧，然后用多道布带捆扎固定。（　）

（6）担架搬运法适用于躯干、下肢骨折，危急重症和较远路程患者的转运。（　）

3. 简答题

（1）铁路红十字药箱的管理是如何规定的？

（2）简述心肺复苏的操作步骤。

（3）心肺复苏成功的指标有哪些？心肺复苏终止的条件有哪些？

（4）现场救护的目的和原则分别是什么？

（5）简述加压包扎止血法的适用情况和操作方法。

（6）简述骨折的类型和症状。

（7）搬运过程中的注意事项有哪些？

参考文献

[1] 王芳梅，刘杰，龙讯．高速铁路安全管理与应急处置［M］．北京：科学出版社，2018．

[2] 吴荣波，范先云．高铁乘务安全管理及应急处置［M］．成都：西南交通大学出版社，2018．

[3] 王慧．高铁乘务安全管理与应急处置［M］．2 版．成都：西南交通大学出版社，2019．

[4] 王淑霞，张建平．铁路客运安全概论［M］．2 版．北京：中国铁道出版社，2018．

[5] 冯溪阳，黄艺璇．高铁乘务安全管理与应急处理［M］．北京：航空工业出版社，2019．